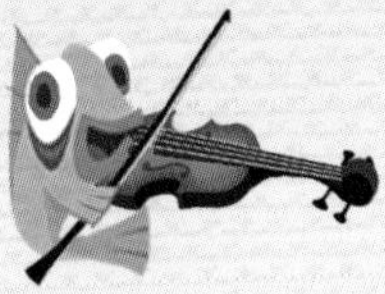

고양이네 음악회

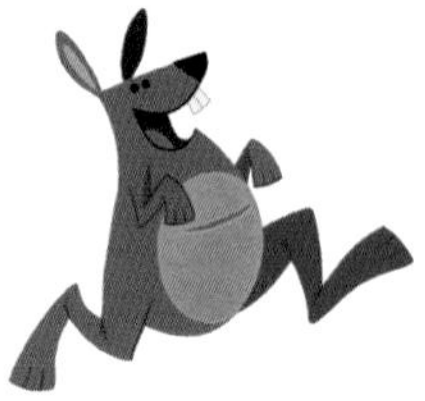

글 강효미

동국대학교 문예창작학과를 졸업했고, 2007년 제17회 어린이동산 중편동화 공모에서 『마할키타 우리 숙모』로 등단했습니다. 이후 『창비어린이』와 『불교문예』 등에 여러 작품을 발표했습니다.
펴낸 책으로는 『오랑우탄 인간의 최후』, 『우리 집이 더 비싸거든』, 『속담이 백 개라도 꿰어야 국어왕』, 『고양이네 미술관』, 『빵이당 vs(대) 구워뜨』, 『챗걸 1: 어느 날, 미래의 나로부터』 등이 있습니다. 아시아창작스토리공모전에서 문화체육관광부장관상을, 제4회 담양송순문학상에서 우수상을 받았습니다.

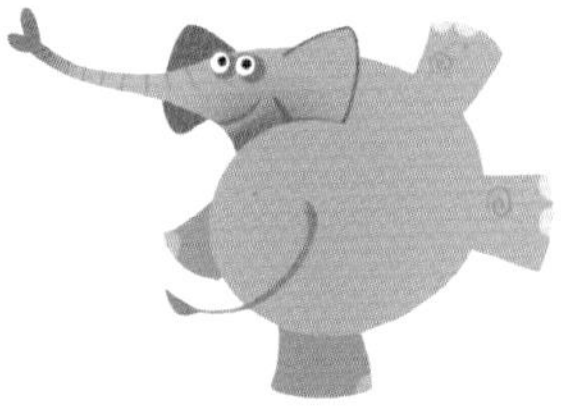

그림 최정진

대학교에서 시각 디자인과를 졸업하여 게임 컨셉 아티스트로 배경과 캐릭터 디자인을 하였습니다. 이후 프리랜서를 시작하면서 현재에 이르기까지 어린이 동화책과 학습교재, 애니메이션 캐릭터와 모바일 게임 등 여러 방면에서 활동을 하고 있습니다.

고양이네 음악회

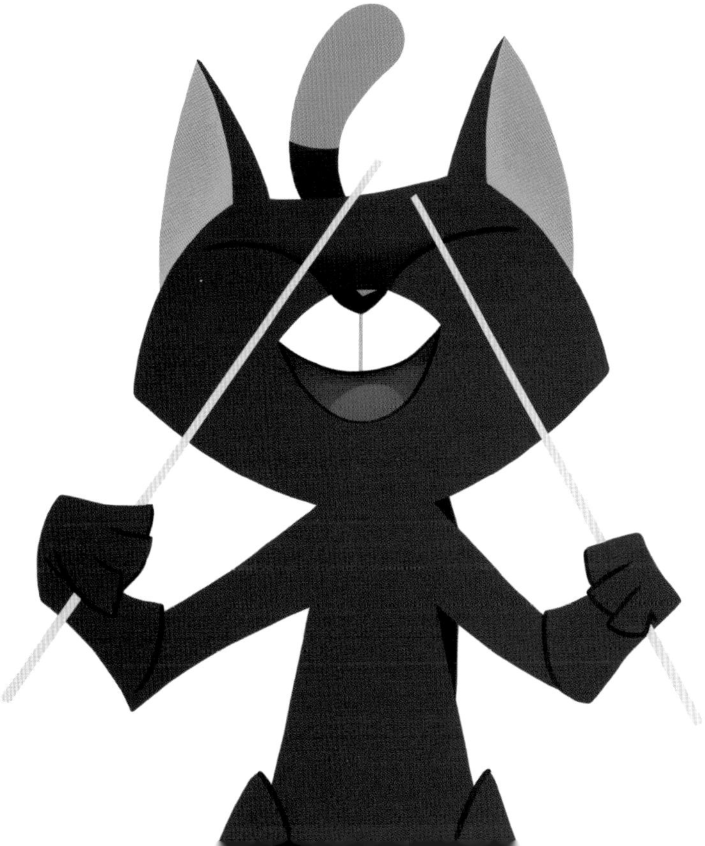

상상의집

"야옹~. 지루하다, 지루해."
봄날 꽃밭에서 뒹굴던 고양이가
따분한 표정으로 몸을 쭉 늘이며 기지개를 켰어요.
"나비를 쫓는 일도, 꽃향기를 맡는 일도 지겨워.
뭔가 새로운 일 없을까?
이 위대한 고양이 님에게 어울릴 만한 근사한 일!"

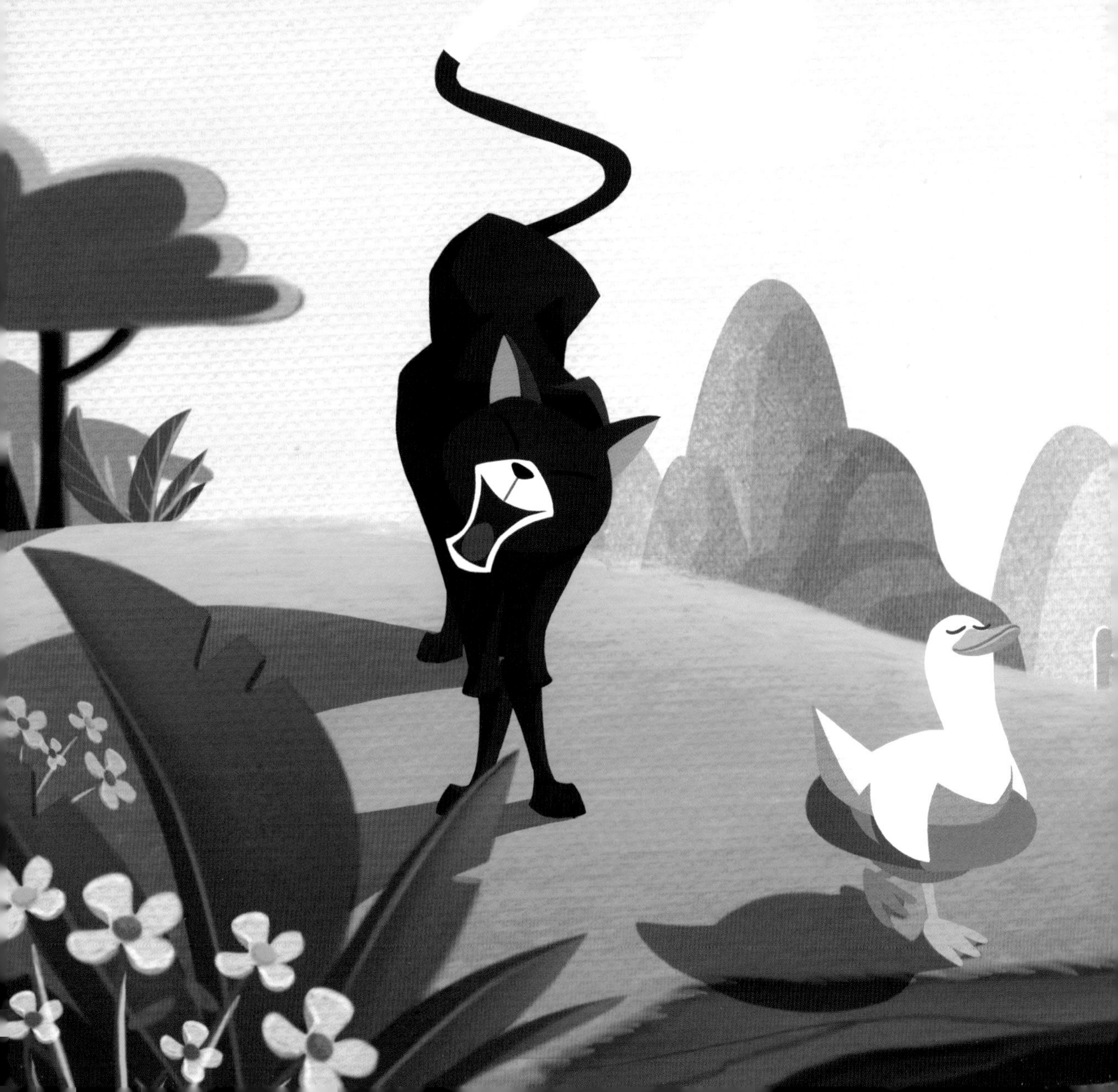

그때 살랑살랑 봄바람을 타고 음악 소리가 들려와요.
“야옹~. 이 향긋한 소리는 뭐지?”
고양이는 소리가 나는 곳으로 발길을 옮겼어요.

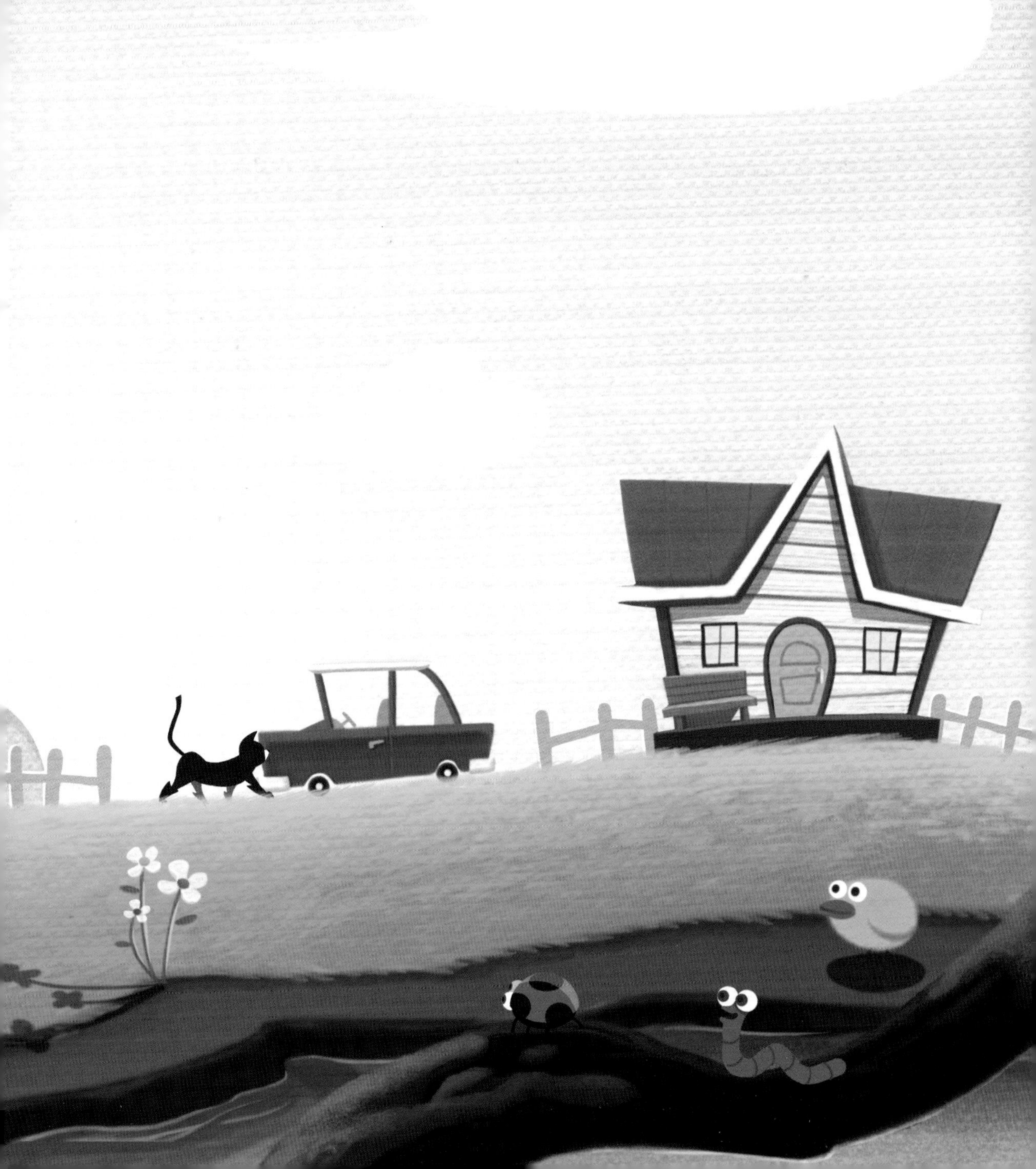

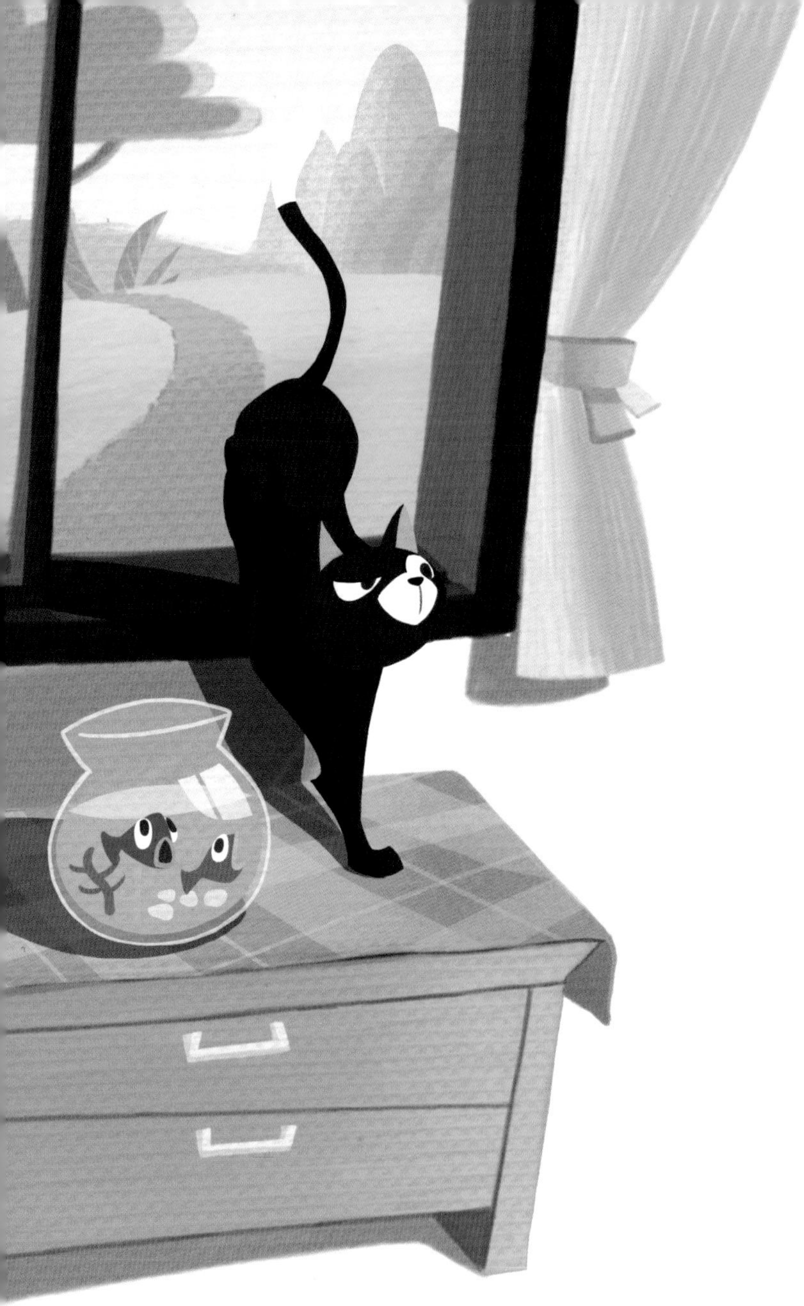

고양이는 창문 너머로 방 안을 엿보았어요.
여자아이가 크고 네모난 나무토막을 두드리고 있어요.
거기에서 아름다운 소리가 흘러나왔어요.
"오! 위대한 고양이 님에게 어울리는 멋진 물건이다."
사뿐, 창문을 넘어온 고양이가 귀를 쫑긋 세웠어요.

"그만 자리를 비켜라."

고양이는 위엄 있게 말했어요.

그러나 피아노 소리에 묻혀 고양이의 말은 들리지 않았답니다.

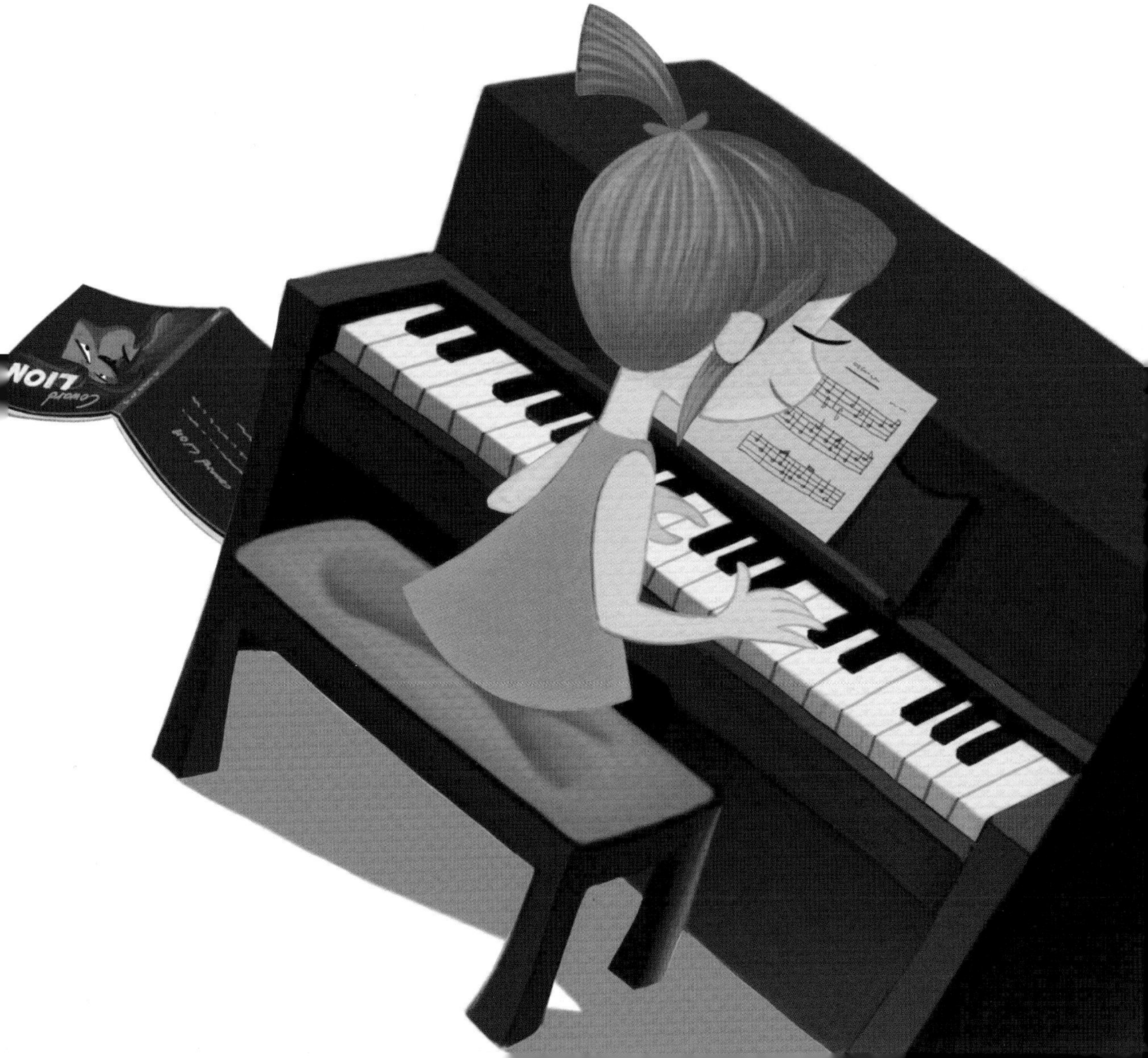

쿵쿵 쾅쾅

쿵쾅 쿵쾅

쿵쾅 쿵쾅

심심한 고양이는 피아노 옆에 놓인 책을 집어 들었어요.

책을 펼치자 숲속에 놓인 소파에 벌거벗은 인간이 누워 있네요.

그런데 풀숲 사이로 웬 녀석이 삐죽 얼굴을 내밀잖아요.

"이런 건방진!"

그러나 이번에도 고양이의 말은

피아노 소리에 묻히고 말았어요.

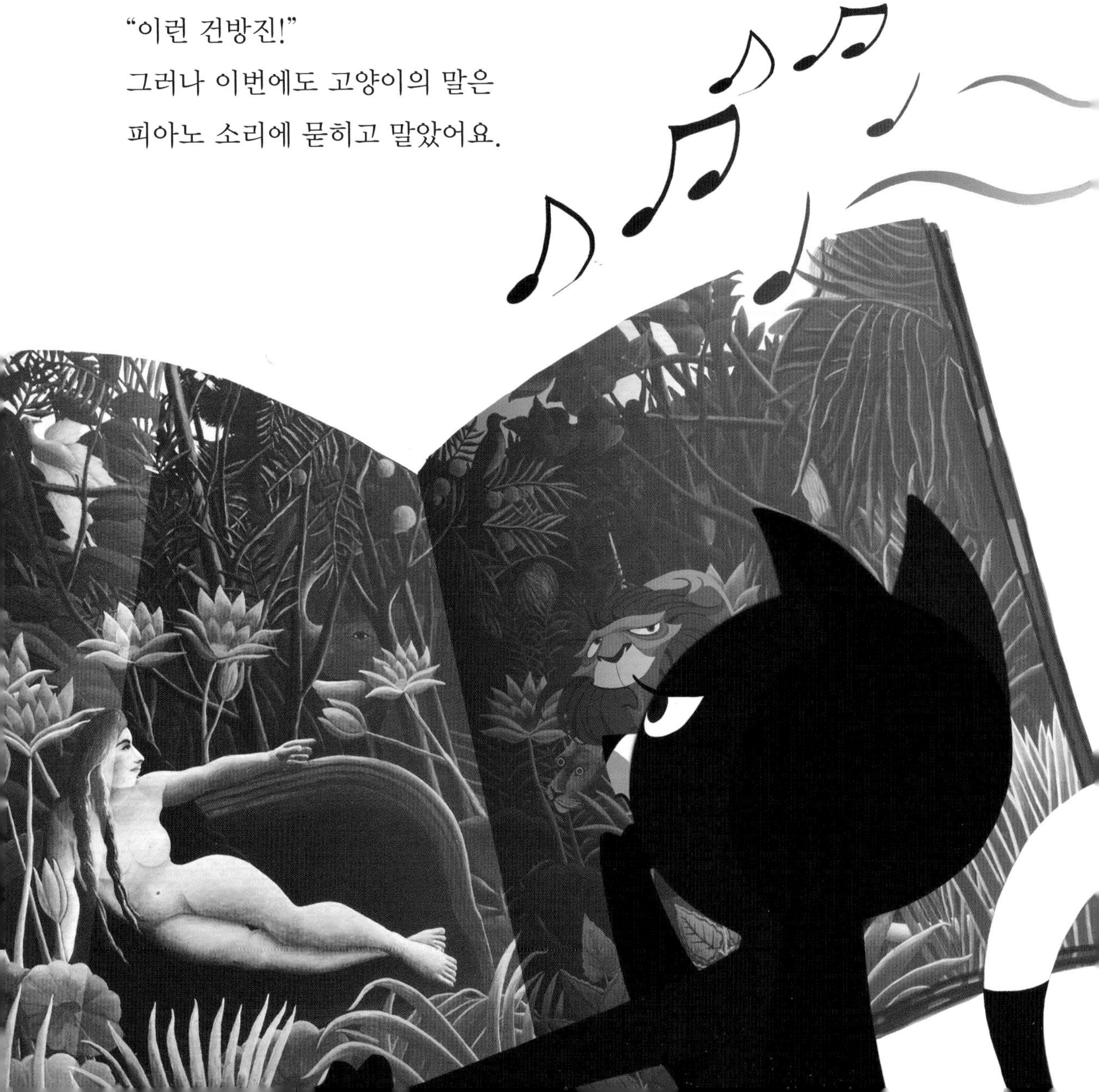

앙리 루소 「꿈」

1910년
캔버스에 유채, 204×298cm
뉴욕 현대 미술관

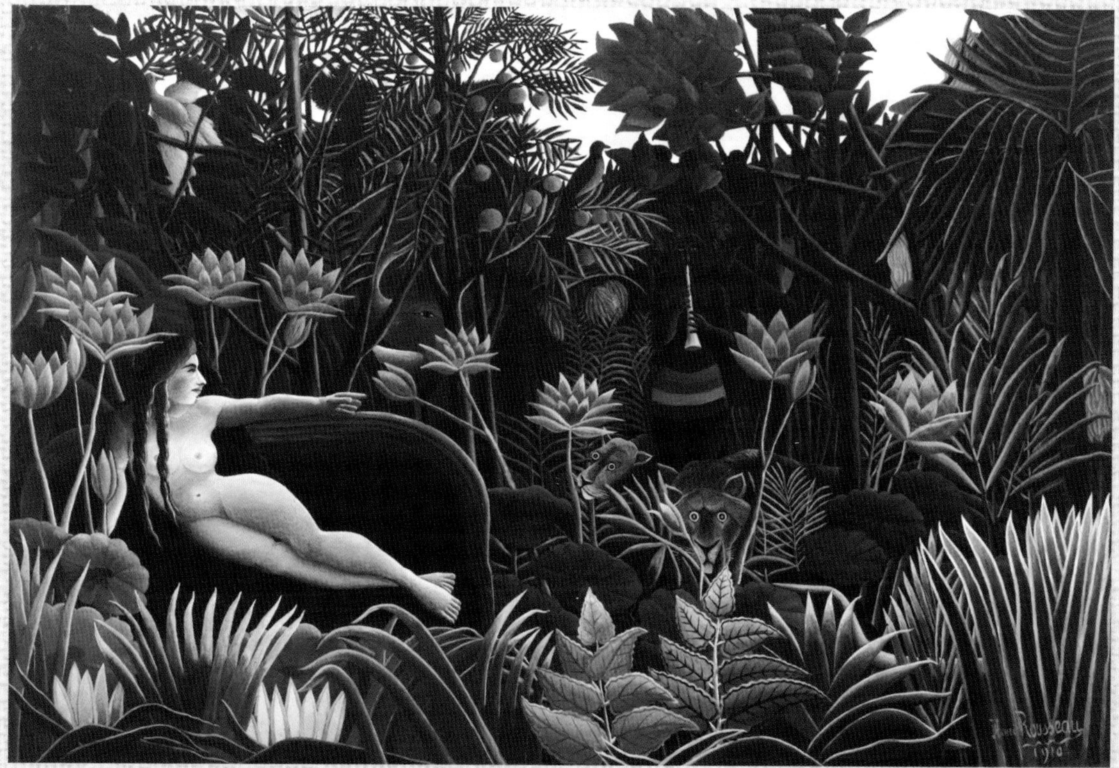

제1곡 서주와 사자왕의 행진 : 피아노와 현악 합주가 당당하면서 묵직한 사자왕의 등장을 알립니다. 숲속에 몸을 낮게 웅크리고 으르렁거리며 주변을 살피는 사자왕의 모습이 떠오르지 않나요?

그때였어요.

"으르렁! 시끄러워 잠을 잘 수가 없네!"

책에서 사자가 뛰쳐나왔어요.

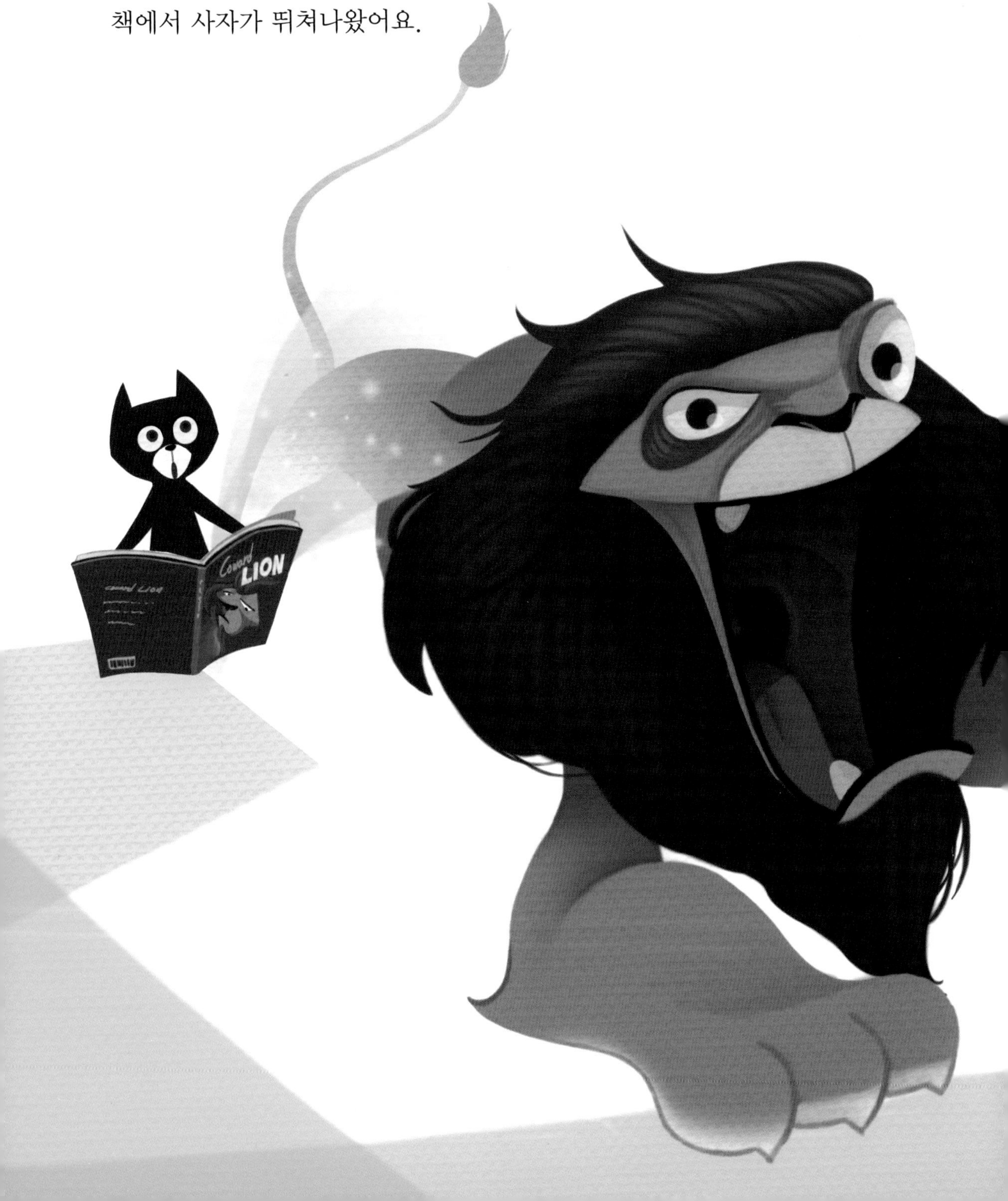

"누가 잠자는 사자의 코털을 건드리는 거야?"
그러거나 말거나 고양이는 콧방귀를 뀌었지요.
"너야말로 고양이 님을 보았으면 깍듯이 인사를 해야 될 거 아냐?"
"……넌 내가 무섭지 않느냐?"
"무서울 게 뭐 있어? 나는 이 세상에서 가장 위대한 고양이야!"
그러자 사자는 고개를 푹 숙였어요.
"……실은 나는 겁이 많아. 바깥세상이 무서워 책 속에 숨은 거야."
"쯧쯧. 너는 저 나무토막이 무엇인지 아느냐?"
"저건 피아노라는 악기야. 난 아주 오랫동안 피아노 연주를 들어 왔기 때문에 얼마든지 똑같이 칠 수 있지."
사자는 당장 피아노로 달려가 연주를 시작했어요.

둥당둥당 둥당둥당

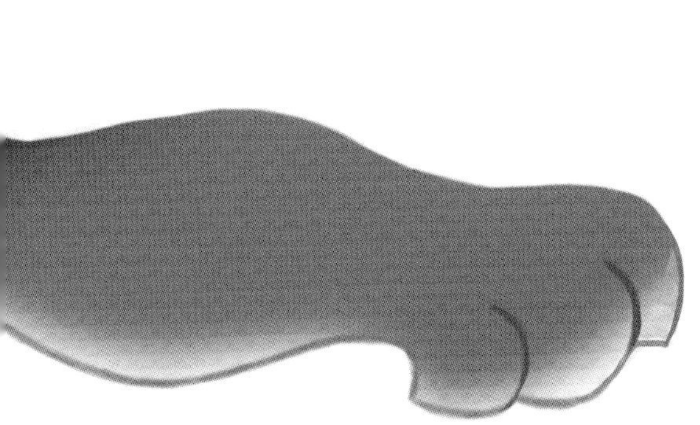

“오호! 썩 훌륭하구나.”

그때 고양이의 머릿속에 그럴듯한 생각이 떠올랐어요.

“위대한 고양이에게 어울릴 만한 일을 드디어 찾았군!
바로 음악 연주회를 여는 거야!”

“연주회라고? 멋진 생각이야!”

“그래서 말인데 나와 함께하는 것이 어떻겠니?”

“내가……?”

“물론! 너는 피아노를 칠 줄 아니까 나의 연주회에 도움이 될 거야.
자, 나를 따르라!”

고양이는 창문을 훌쩍 넘었어요.

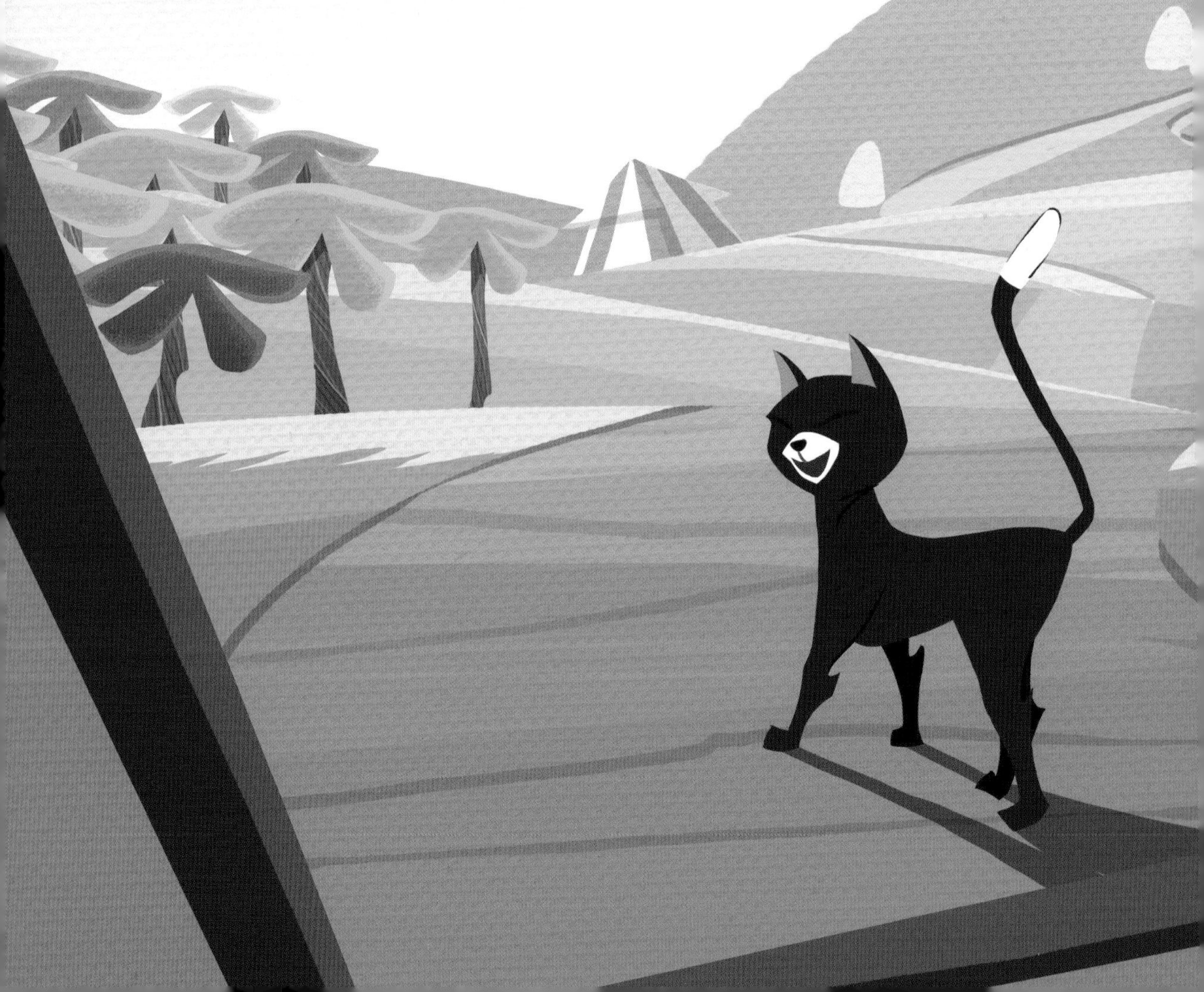

주저하던 사자도 고양이를 따라 훌쩍,

창문을 넘었답니다.

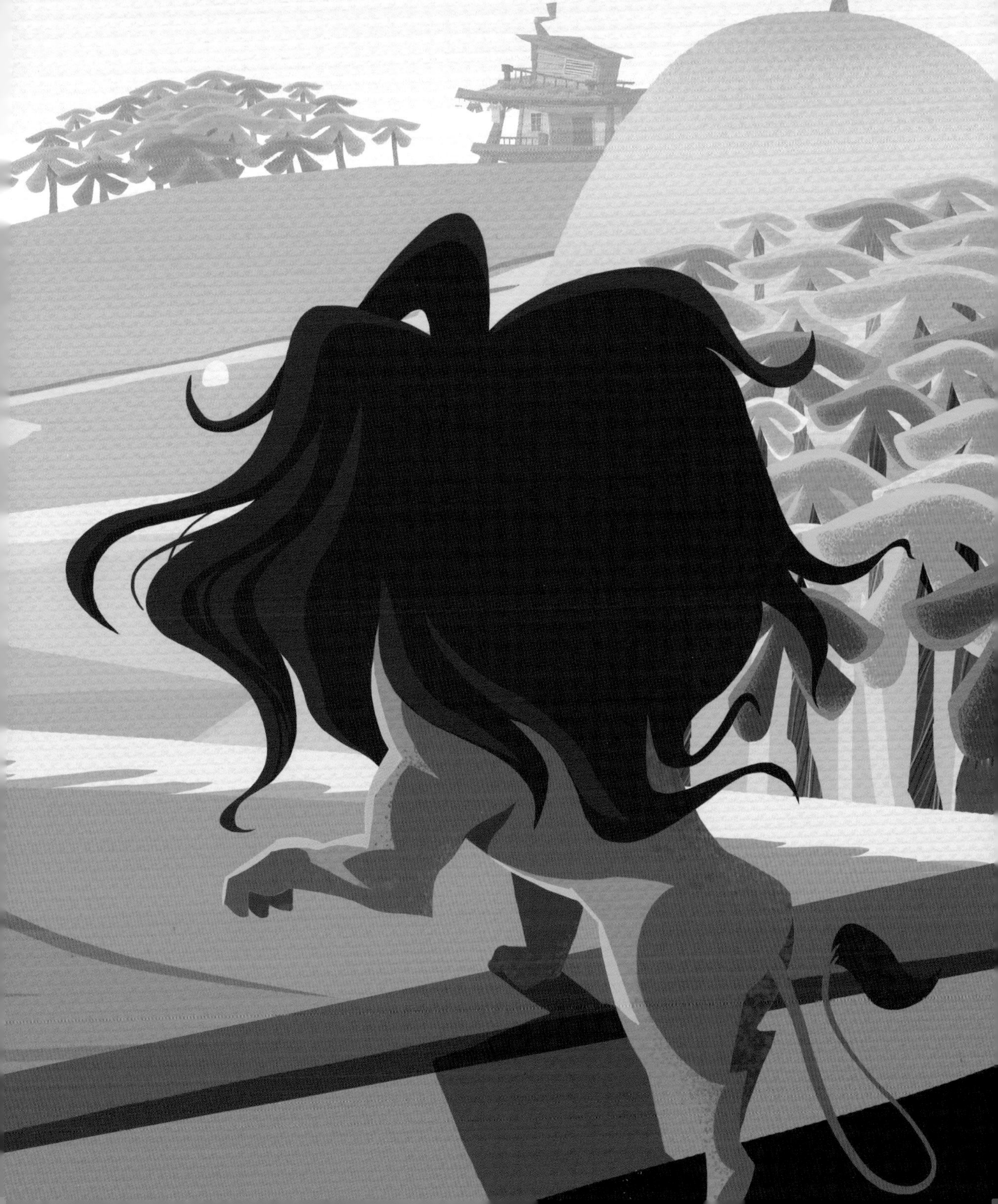

위대한 고양이와 겁 많은 사자는 거리로 나왔어요.
그때, 거리 모퉁이의 작은 집에서 요란한 소동이 났어요.
“당장 나가!”
험상궂게 생긴 인간이 닭들을 사정없이 내쫓고 있네요!
닥치는 대로 물건을 집어 던지는 바람에
창문이 깨지고, 양동이가 데굴데굴 구르고,
나뭇가지가 휘청했지요.
쫓겨나온 암탉과 수탉도 날개를 푸덕이며 지지 않고 소리쳤어요.
“후회하게 될 거야! 꼬끼오!”
“우리는 쫓겨나는 게 아니야. 우리가 당신을 버리는 거라고!
꼬끼오 꼬꼬.”
고양이가 궁금함을 참지 못하고
무슨 일이냐고 물었어요.

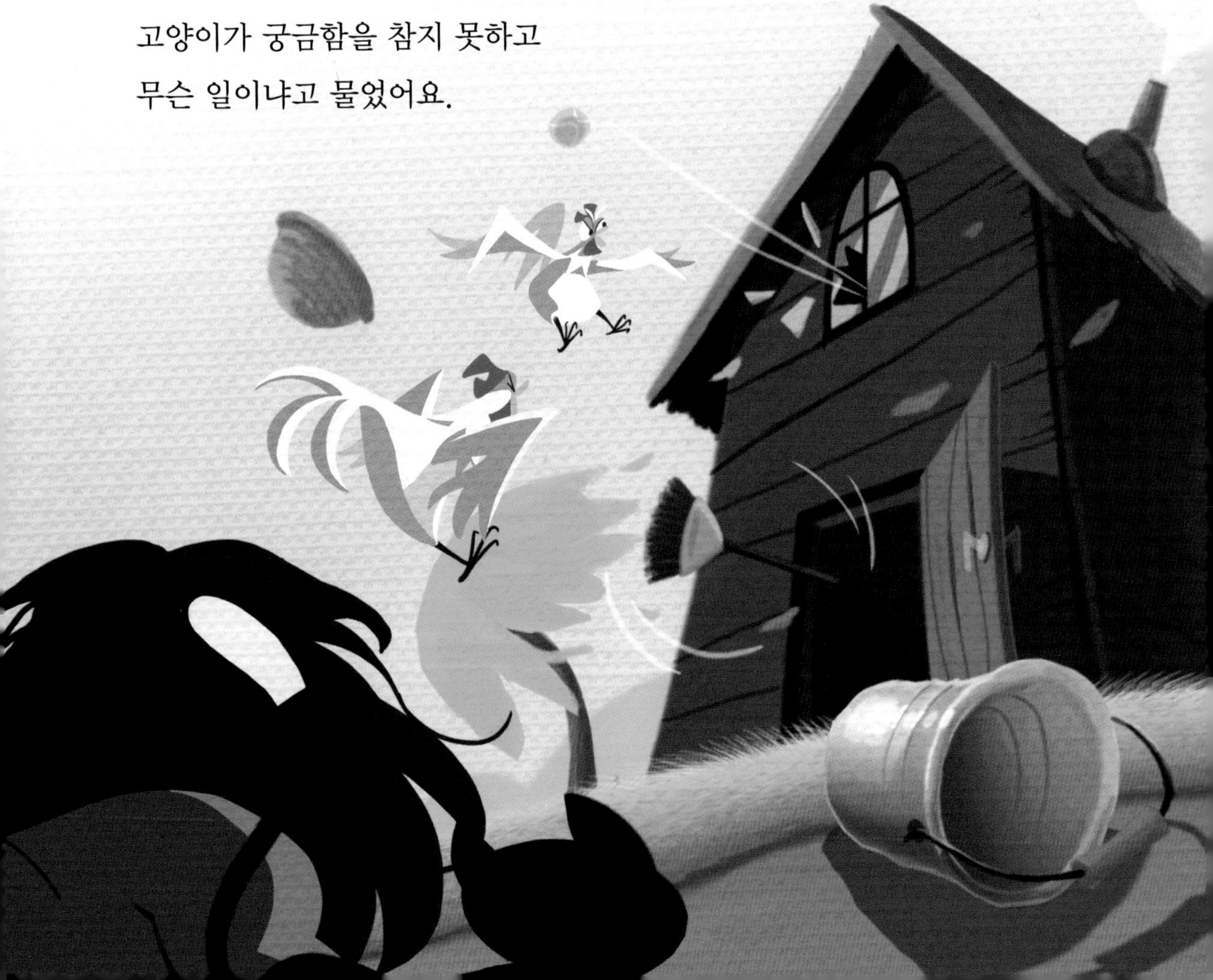

호안 미로 「수탉」

1940년
종이 위에 수채, 63.5×48.9cm
개인 소장

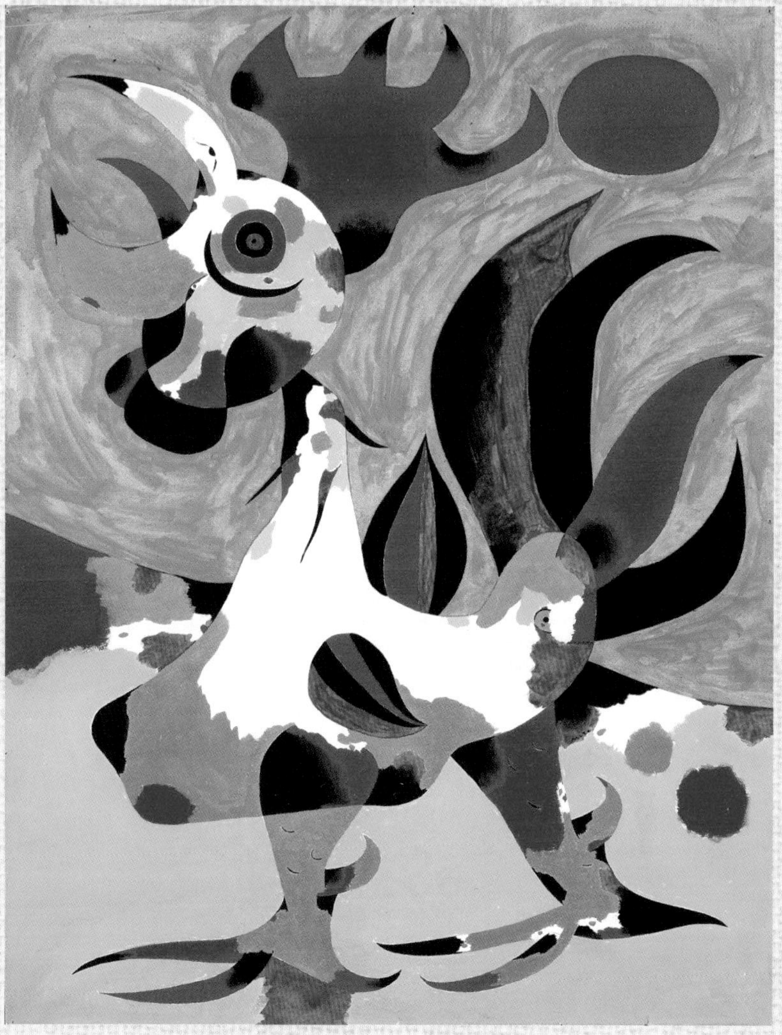

제2곡 암탉과 수탉 : 〈동물의 사육제〉의 두 번째 곡은 바로 암탉과 수탉입니다. 클라리넷과 두 대의 피아노, 바이올린, 비올라 등으로 연주되지요.

푸드덕 푸드덕 암탉이 날갯짓을 하며 말했어요.
"우리는 저 심술궂은 인간과 음악대를 꾸려 그동안 함께 다녔어."
푸드덕 푸드덕 수탉도 날갯짓을 했지요.
"무슨 변덕인지 갑자기 우리가 시끄럽다면서 화를 내지 뭐야?
우리 때문에 관객들이 연주에 집중할 수가 없다나? 꼬끼오!"
"돈을 독차지하려는 속셈일 거야. 차라리 잘됐어. 꼬끼오오오!"
고양이는 암탉의 손에 들린 악기가 궁금했어요.
"그건 뭐지?"
"응. 이건 클라리넷! 둥글고 긴 관에서 멋진 소리가 나지!"

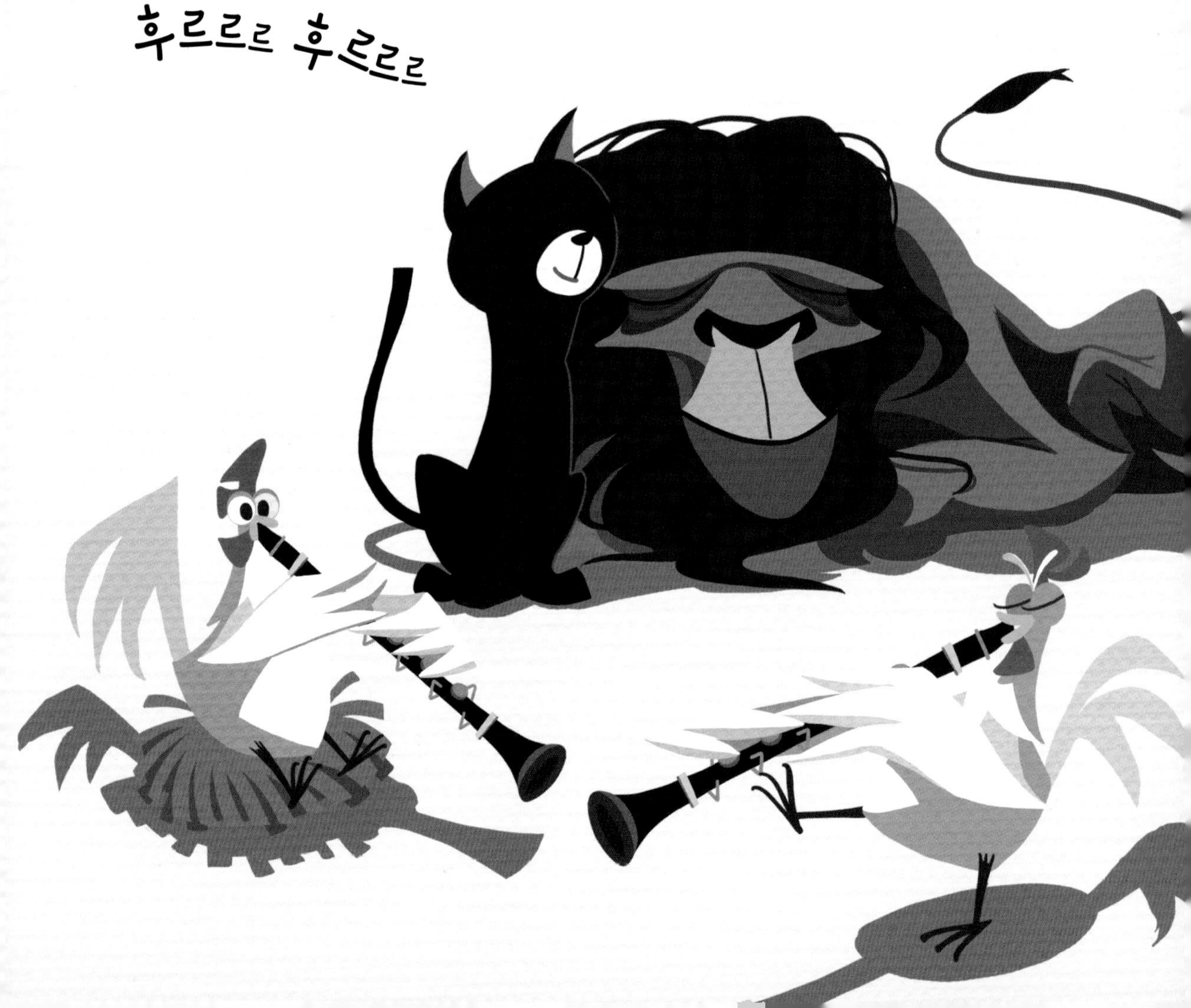

칸딘스키 「파랑을 향하여」

1939년
캔버스에 유채, 65×81cm
스트라스부르 근현대 미술관

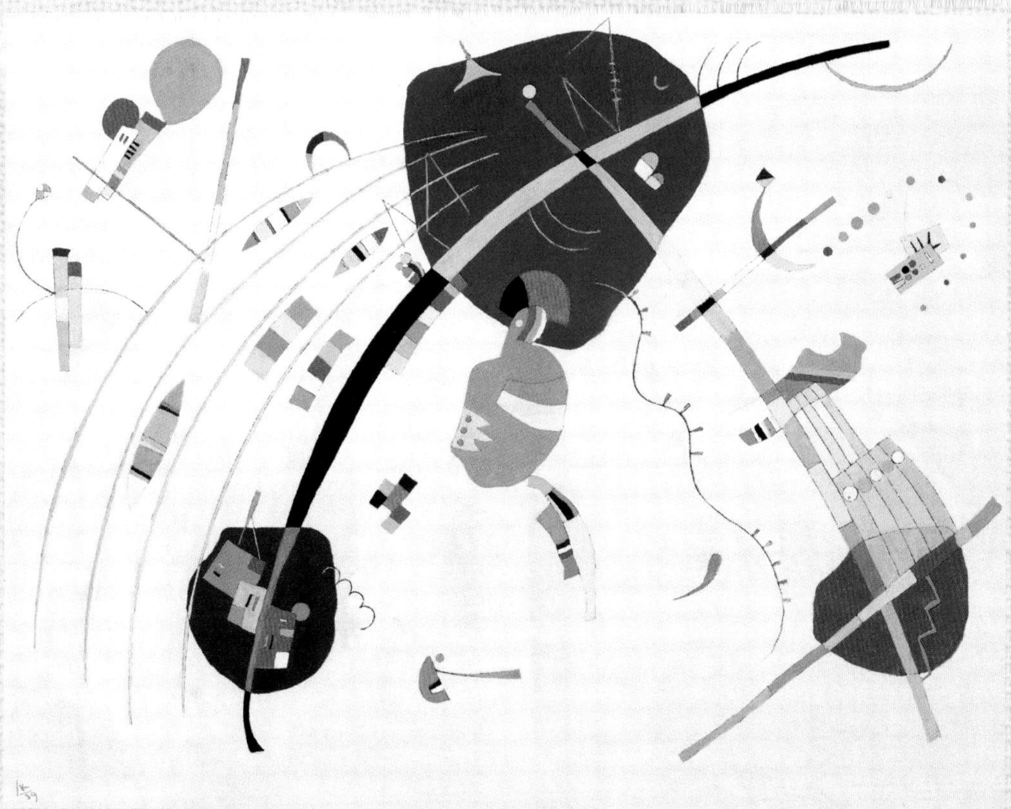

제2곡 암탉과 수탉 : 피아노가 수탉을, 클라리넷이 암탉을 표현하며 두 마리가 홰를 치며 다투는 듯한 분위기가 강한 생동감을 느끼게 합니다. 칸딘스키의 그림을 보며 힘찬 선율을 감상해 보세요.

"좋은 생각이 났어. 사자와 내가 음악대를 꾸리려고 하는데 함께하는 게 어때?"

고양이는 풍성한 꼬리를 흔들며 말했어요.

"오. 그거 좋지! 꼬끼오."

"우리의 실력을 썩히기는 아까우니까! 꼬끼오 꼬꼬."

깜짝 놀란 사자가 고양이에게 귓속말을 했어요.

"저기……. 걔들은 너무 시끄럽지 않을까?"

"그래도 악기를 다룰 줄 아니 우리 연주회에 도움이 될 거야. 자, 모두 나를 따르라!"

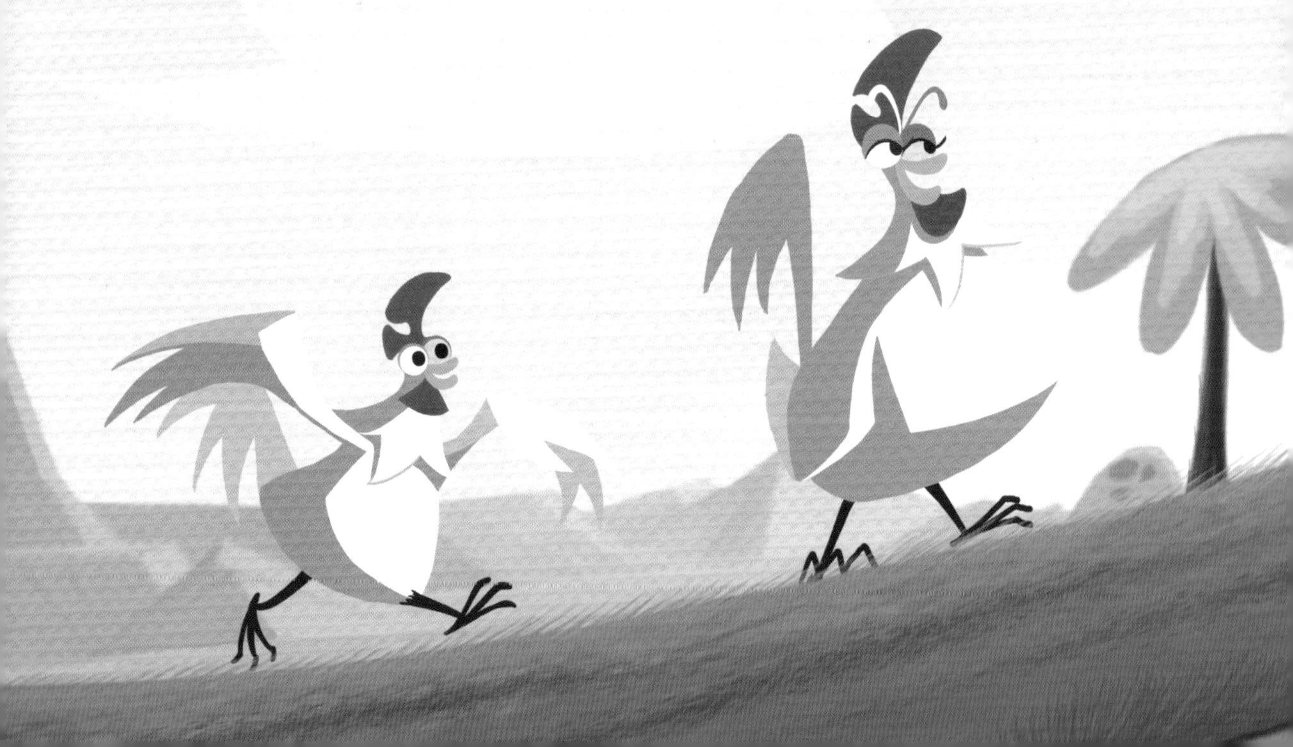

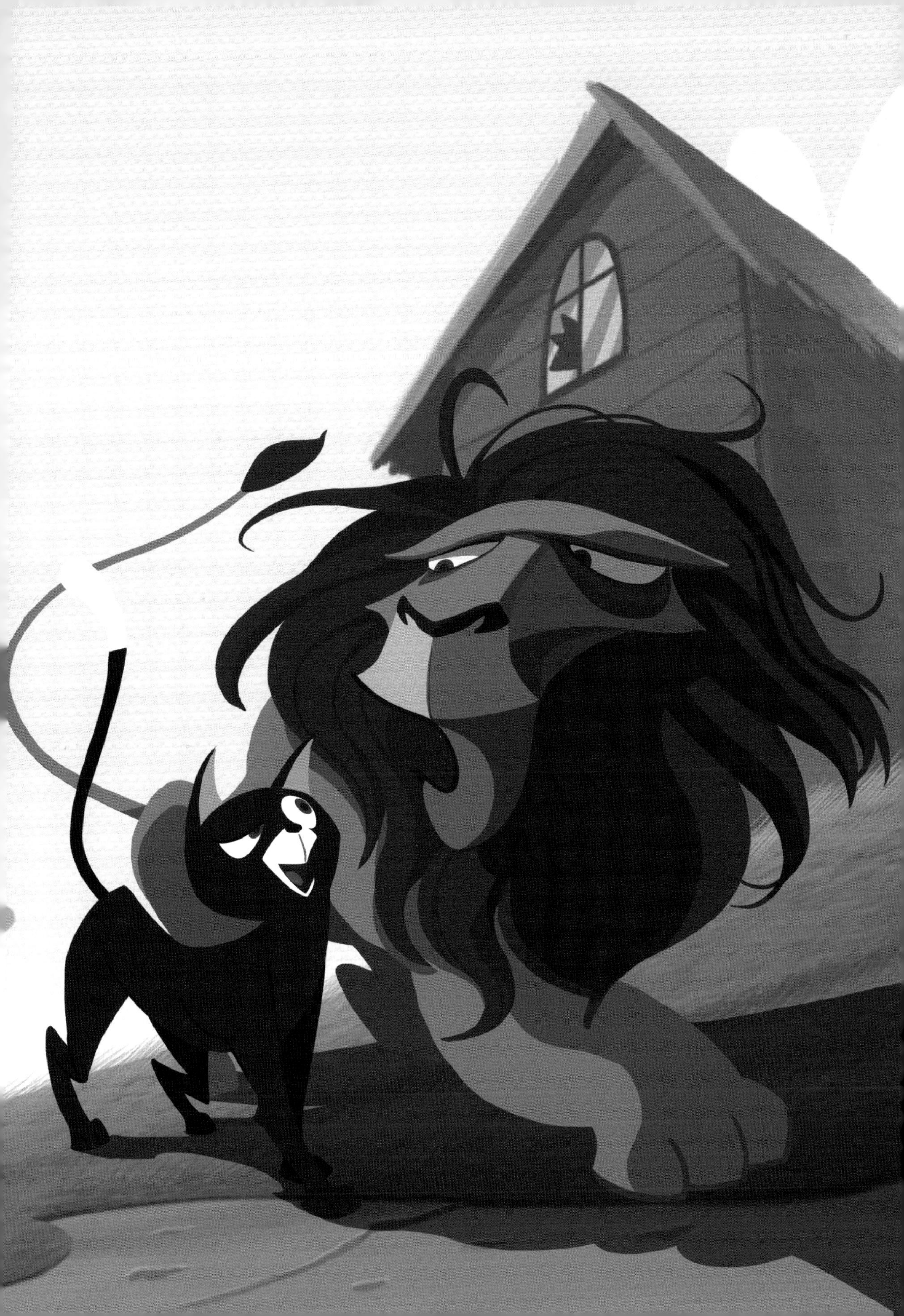

위대한 고양이와 겁 많은 사자, 시끄러운 닭들은 시장으로 향했어요.

"어? 저게 뭐지?"

시장 한가운데에서 시끌벅적한 소리가 들려왔어요.

"서커스야!"

"몸이 깃털처럼 가볍네!"

그때였어요.

난데없이 당나귀 하나가 서커스 무대 위로 뛰어드는 게 아니겠어요?

"으히히히히힝. 나를 도와줘! 부탁이야!"

당나귀는 꽁지에 불이라도 붙은 듯 정신없이 무대 위에서 날뛰었어요.

겁에 질린 사람들은 소리를 지르며 흩어졌지요.

"에잇. 오랜만에 재미있는 공연을 보고 있었는데
무슨 일이냐? 야옹!"

"주인이 나를 시장에 팔려고 하지 뭐야! 으히힝."

"알겠다. 도와줄 테니 그만 좀 날뛰어!"

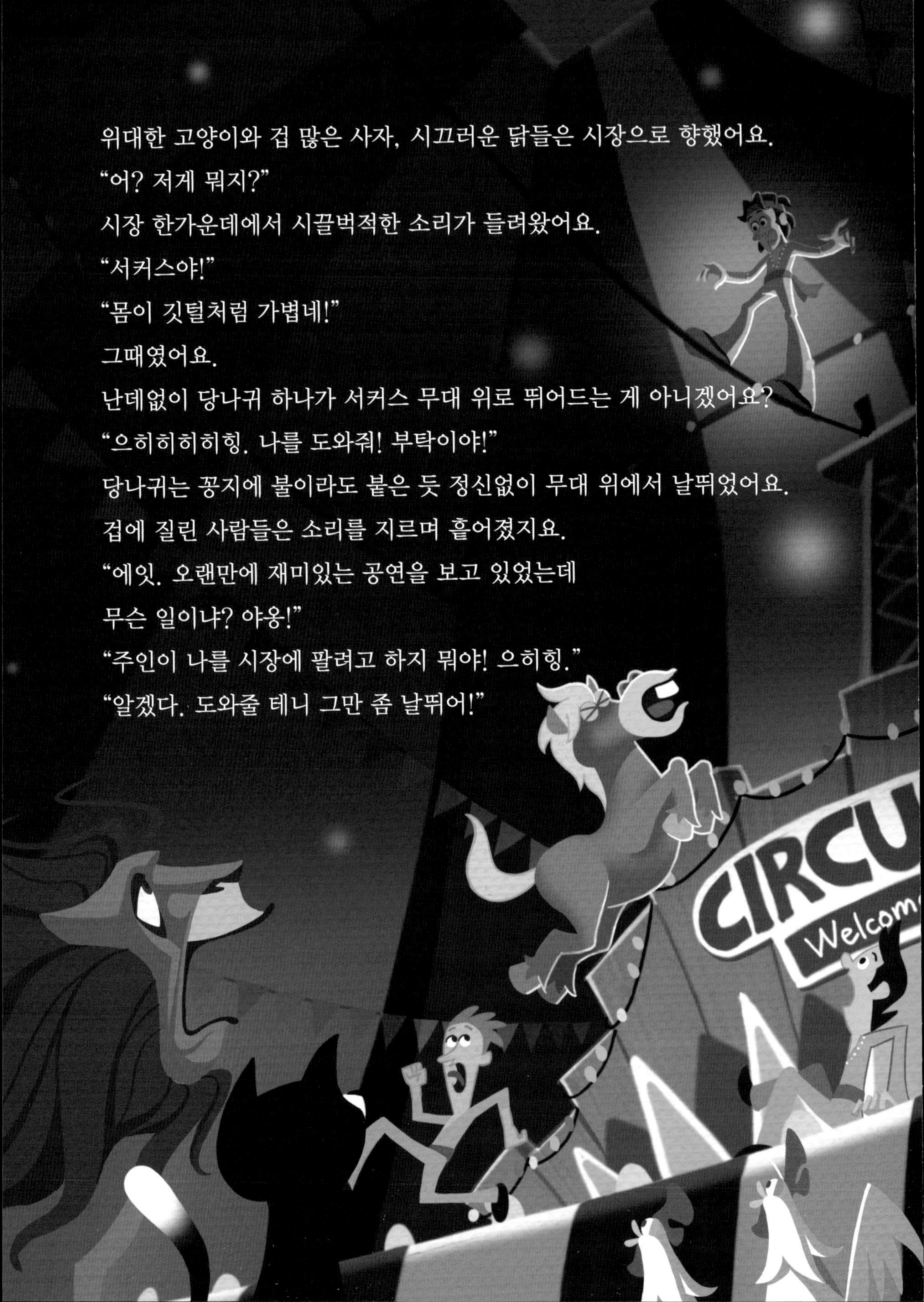

마르크 샤갈 「서커스」

1922년
캔버스에 유채, 37.7×57.7cm
스트라스부르 근현대 미술관

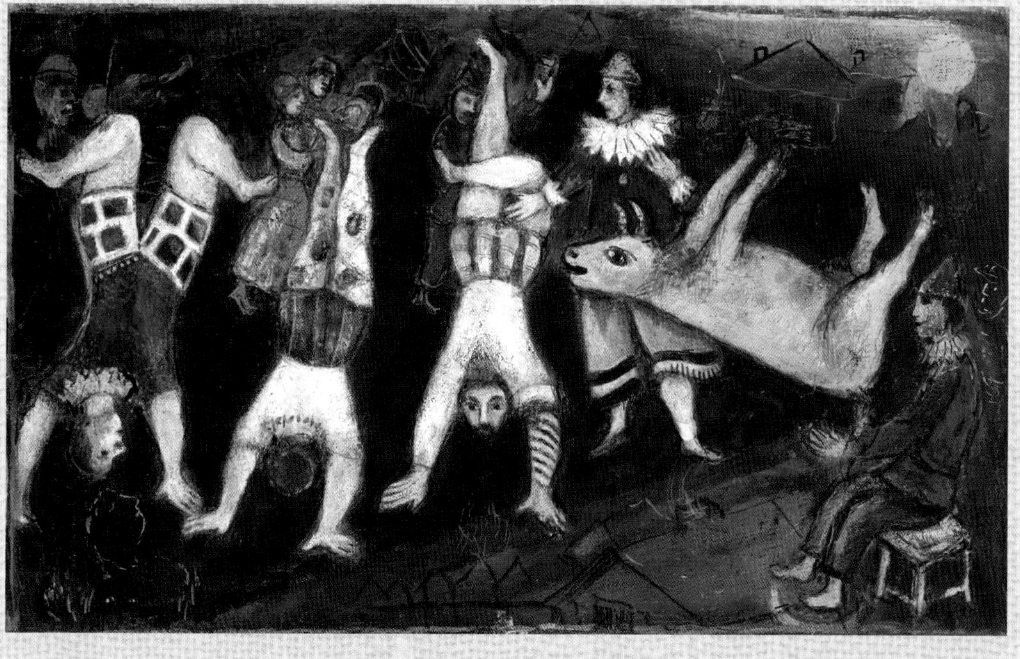

제3곡 당나귀 : **마르크 샤갈의 그림을 보며 〈동물의 사육제〉의 세 번째 곡 당나귀를 감상해 보면 어떨까요?**

"내 뒤에 숨어라. 야옹."
"고마워! 으히힝."
당나귀는 얼른 고양이 뒤로 몸을 숨겼어요.
"으르렁. 나도 인간이라면 무섭단 말이야."
겁이 많은 사자도 재빨리 당나귀 뒤로 숨었어요.
그때 주인이 뛰어왔어요.
"요 당나귀 녀석! 이번엔 안 봐 줘! 얼른 고양이 뒤에서 나오지 못…….
으악! 걸음아, 날 살려라!"
주인은 당나귀 뒤에 웅크리고 있는 사자를 보고는
꽁지가 빠지게 도망을 쳤답니다.

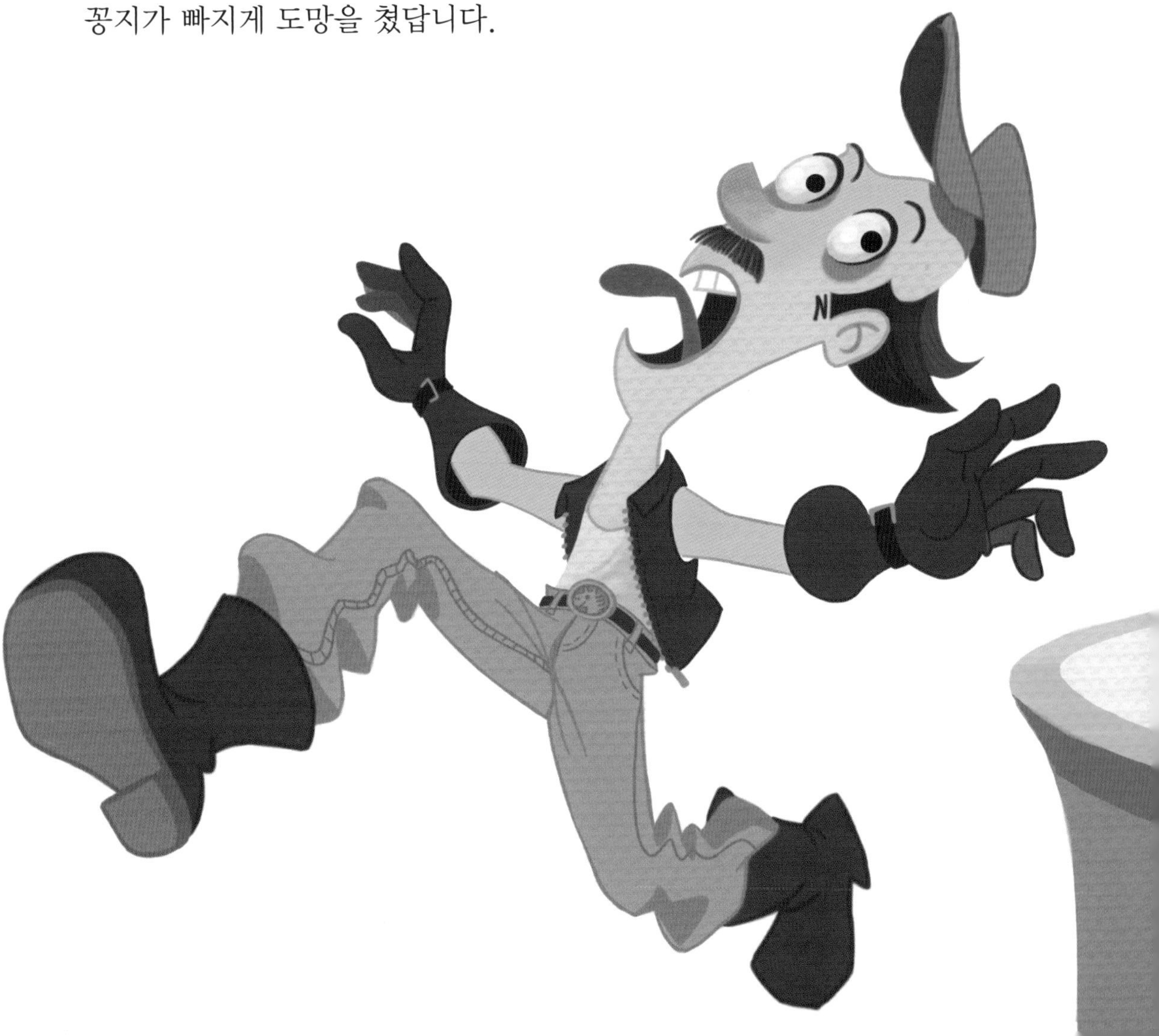

“거봐. 인간들은 나만 보면 벌벌 떤다니까? 야옹.”

“고양이야. 넌 정말 대단해.”

사자는 부러운 눈빛으로 고양이를 우러러보았어요.

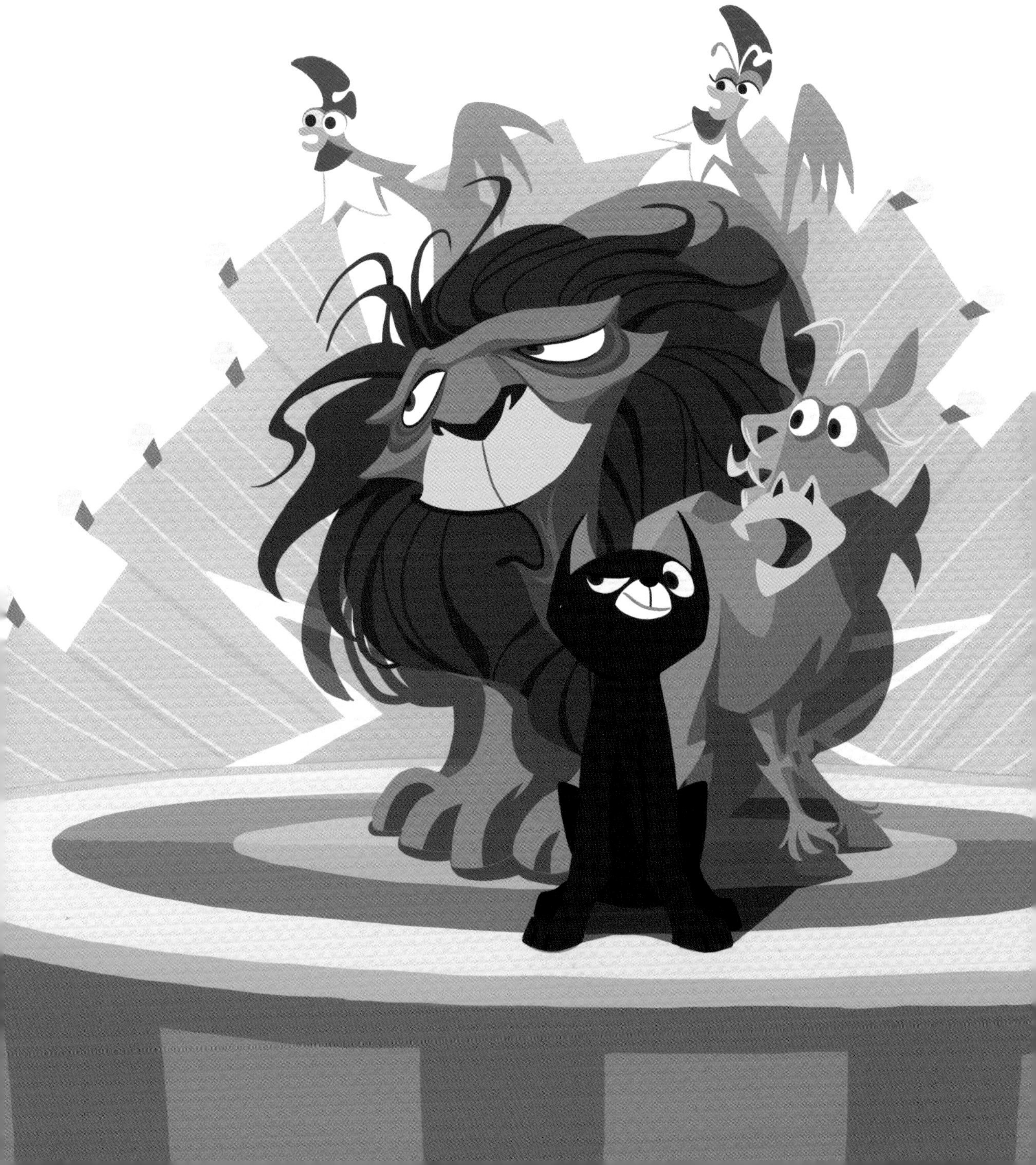

"잠깐. 너희들은 누구야? 으히힝."

"우리는 고양이 음악대다. 연주회를 열 계획이지!"

고양이가 뽐내며 대답했어요.

"으힝~. 연주회라고? 그럼 나도 끼워 줘!"

"그건 곤란하다. 아무나 막 들어올 수는 없어."

그러자 당나귀는 정신없이 날뛰며 소리쳤어요.

"끼워 줘! 끼워 달란 말이야!"

당나귀는 발을 쿵쿵 구르고 머리를 흔들면서 떼를 썼어요.

그때였어요.

"이 못된 것! 당장 이리 못 와?"

당나귀 주인이 쟁반을 방패 삼고 빗자루를 무기 삼아 뛰어오고 있었어요.

당나귀는 앞발을 높이 들어 뛸 준비를 하며 소리쳤어요.

"모두 도망쳐! 으히히히힝."

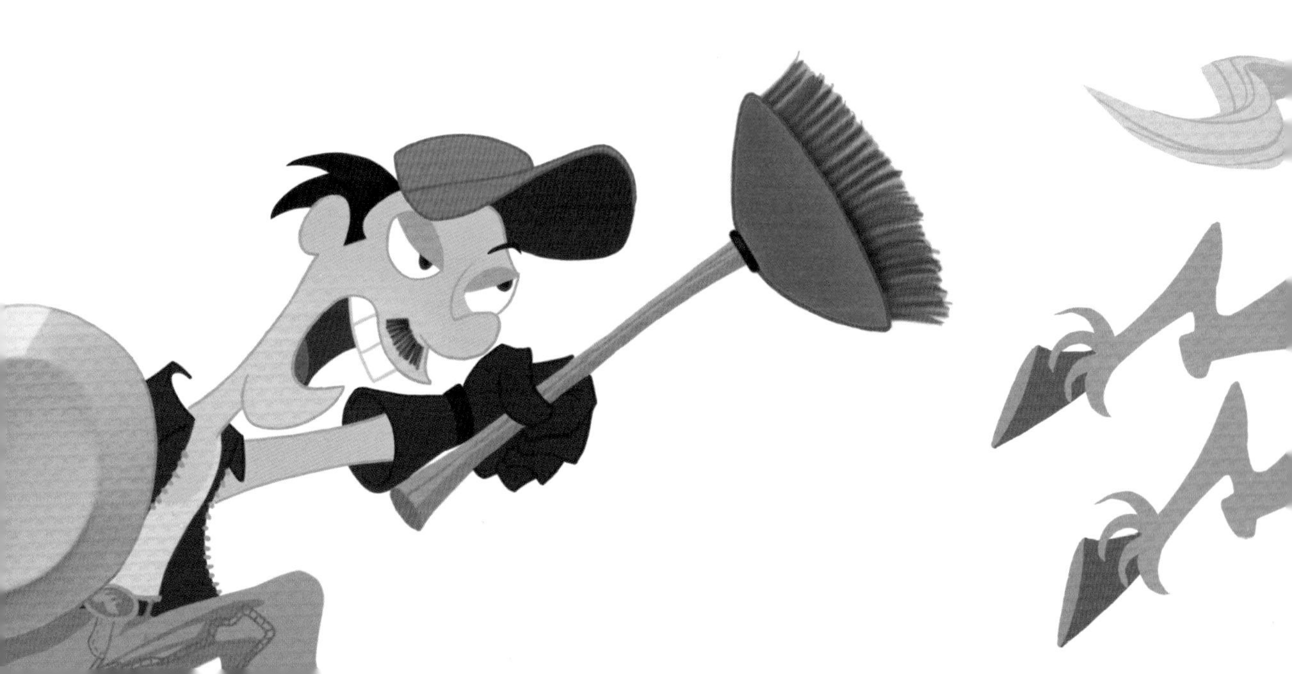

칸딘스키 「구성 No.8」

1923년
캔버스에 유채, 140×201cm
뉴욕 구겐하임 미술관

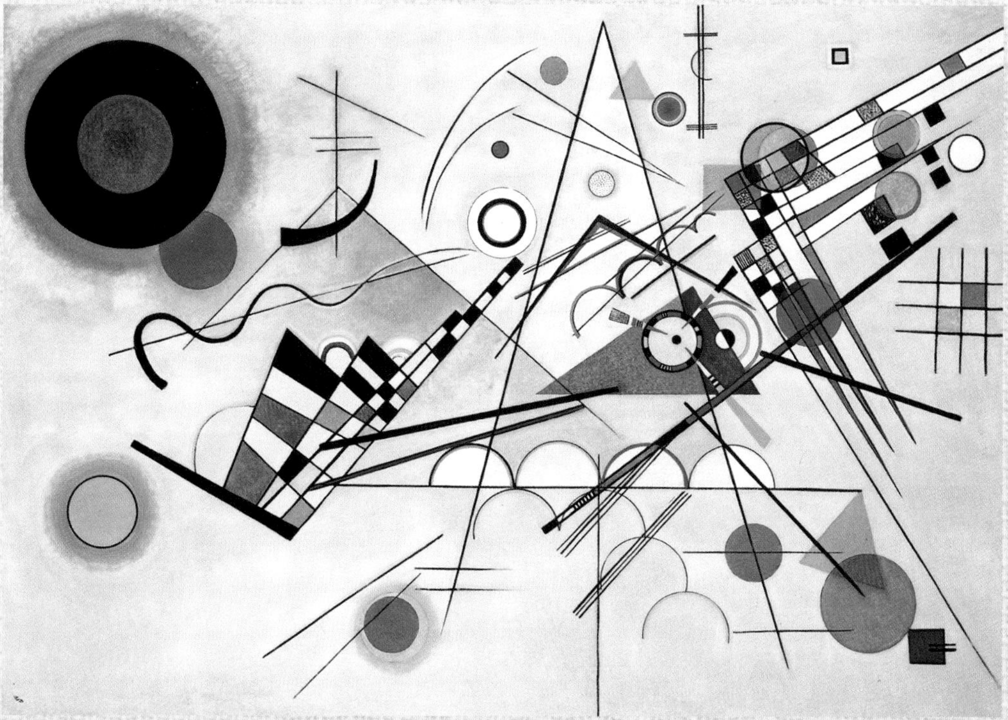

제3곡 당나귀 : 칸딘스키의 그림 「구성 No.8」은 날카로운 직선과 둥근 곡선들이 조화롭게 교차하고, 크고 작은 원형들이 풍부한 색채와 어우러져 마치 교향곡의 선율을 보는 듯해요.

위대한 고양이와 겁 많은 사자, 시끄러운 암탉과 수탉,
그리고 날뛰는 당나귀는 한참을 도망쳤어요.
뒤돌아보니 당나귀 주인은 쫓아오지 않아요.
“후아. 하마터면 붙잡힐 뻔했네. 으히힝.”
암탉과 수탉이 날개를 푸드덕거리며 자기를 노려보는 것도
아랑곳하지 않고 당나귀는 기분이 좋아 촐싹댔어요.
그러다 갑자기 펄쩍 뛰어오르지 뭐예요?
“앗! 하마터면 밟을 뻔했네! 으히힝.”
그곳엔 커다란 등껍질을 가진 거북이가 쉬고 있었어요.
“놀란 건…… 나야…….”

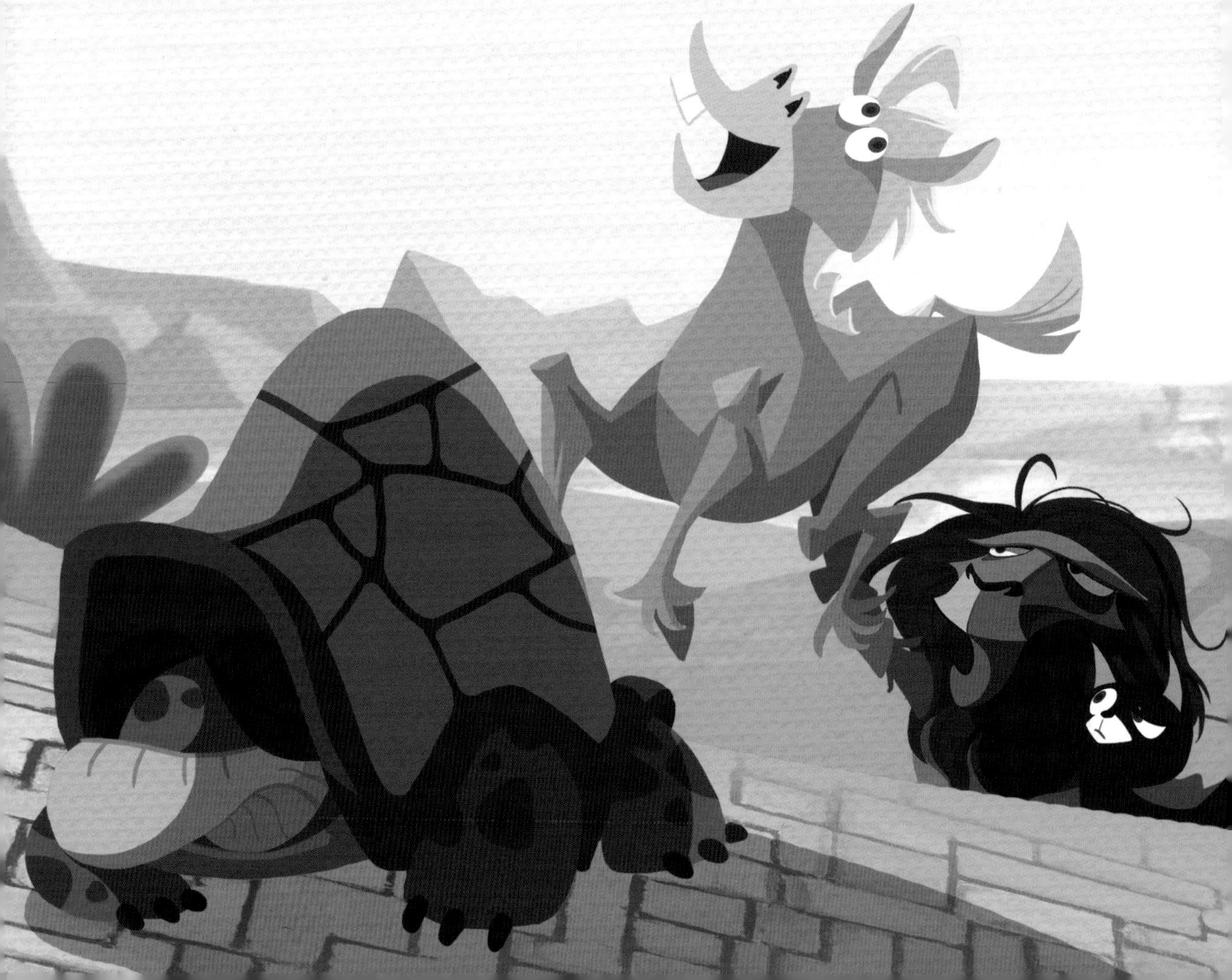

피트 몬드리안 「갈색과 회색의 구성」

1913년
캔버스에 유채, 85.7×75.6cm
뉴욕 현대 미술관

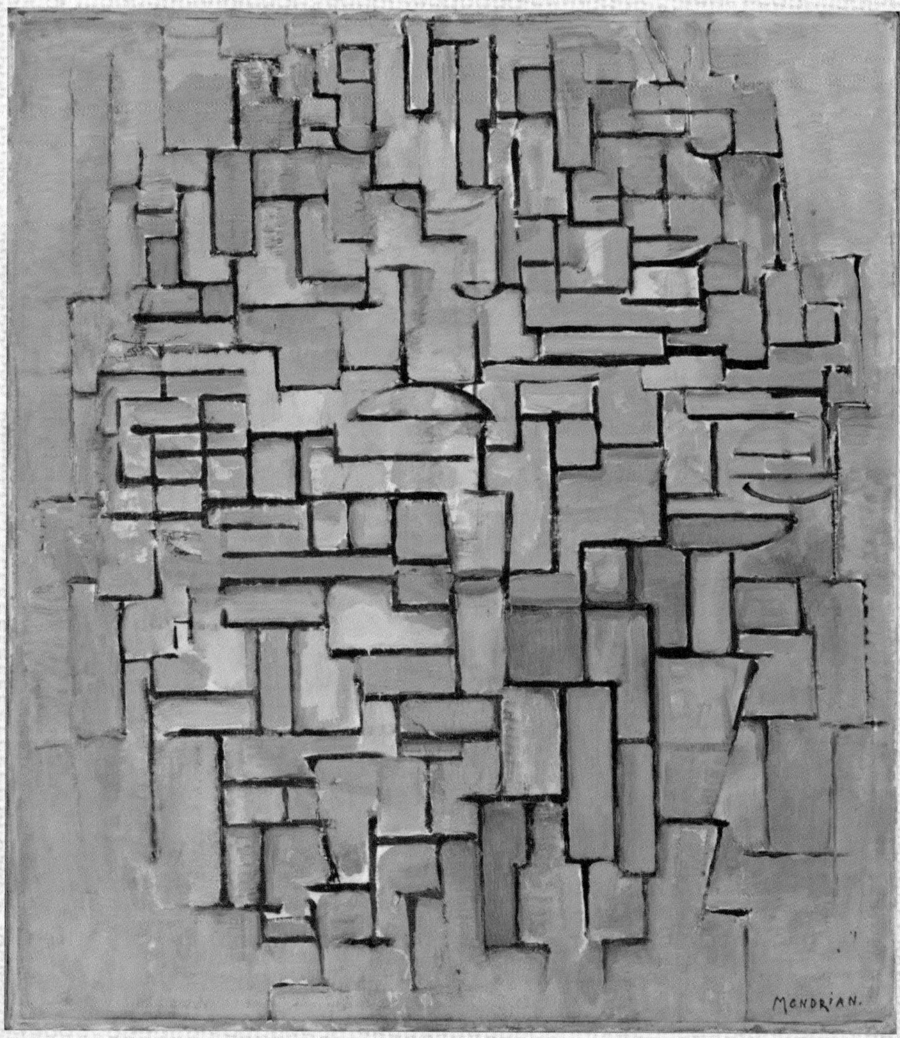

제4곡 거북이 : 〈동물의 사육제〉의 네 번째 곡은 거북이에요. 피아노의 느린 리듬으로 거북이의 걸음이 표현되며 현악기들의 연주가 거북이의 굼뜬 움직임을 연상하게 해요.

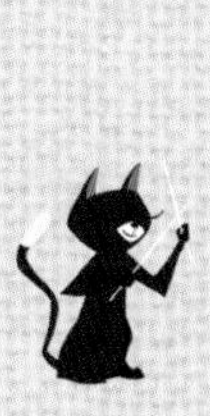

거북이는 느릿느릿 움직이며 느릿느릿 말했어요.

"그런데…… 모두들…… 어디에 가는 거지……?"

"우린 고양이 음악대야. 멋진 연주회를 열 거야!"

이번에도 고양이는 의기양양한 표정으로 대답했어요.

"그렇다면…… 나도…… 끼워 줘.
나는…… 바이올린을 연주할 줄…… 알아."

"바이올린이라고?"

"활로 현을 밀면서 소리를…… 내는 악기야.
옛날에…… 바이올린을 연주하는 소년과…… 나는 늘…… 함께였어.
나는…… 소년에게…… 옛이야기들을…… 들려주고,
소년은…… 내게 바이올린을…… 가르쳐…… 주었지."

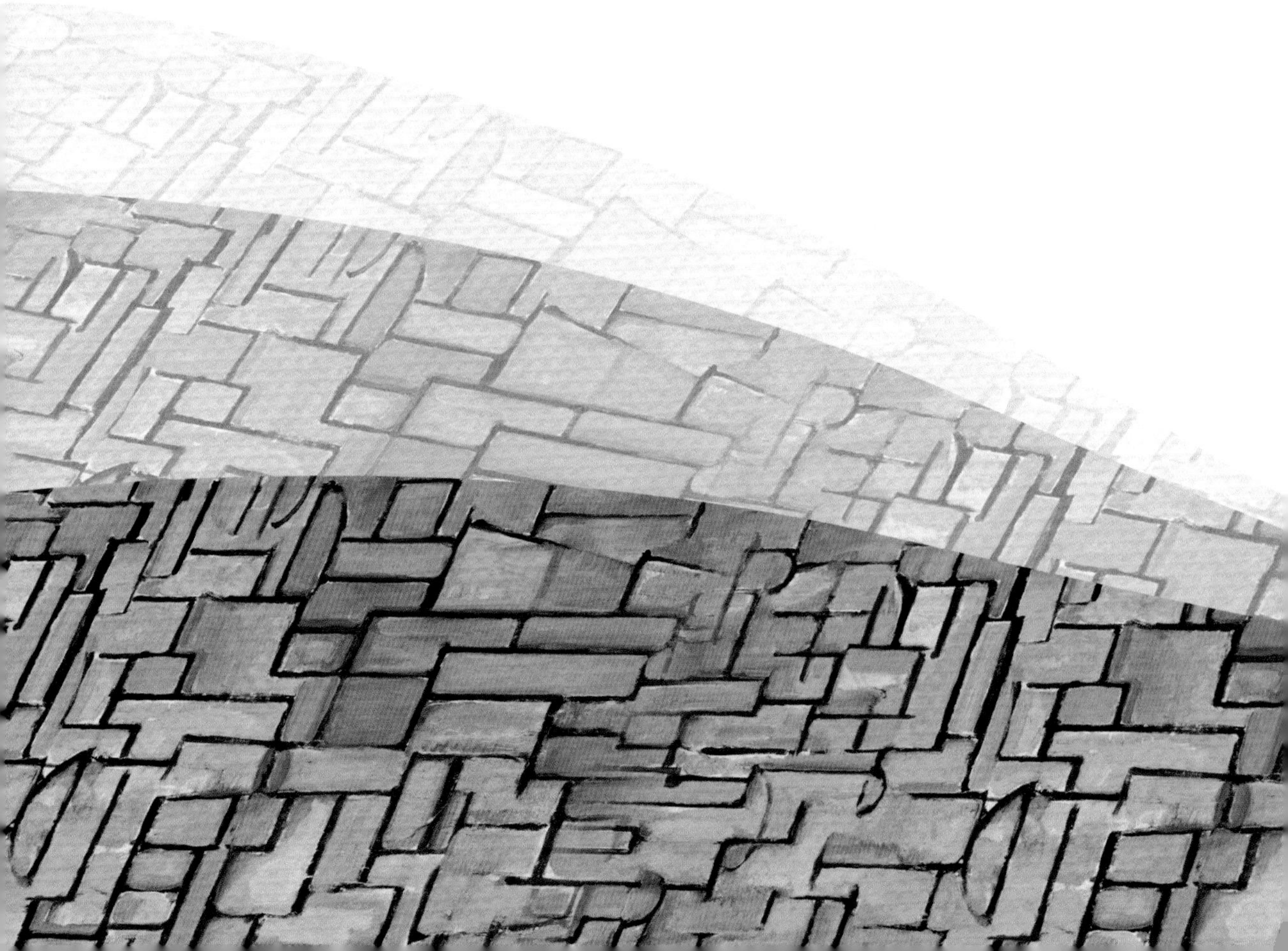

거북이가 바이올린을 연주하자
쨍쨍거리는 소리 속에
부드러운 리듬이 흘러나왔어요.

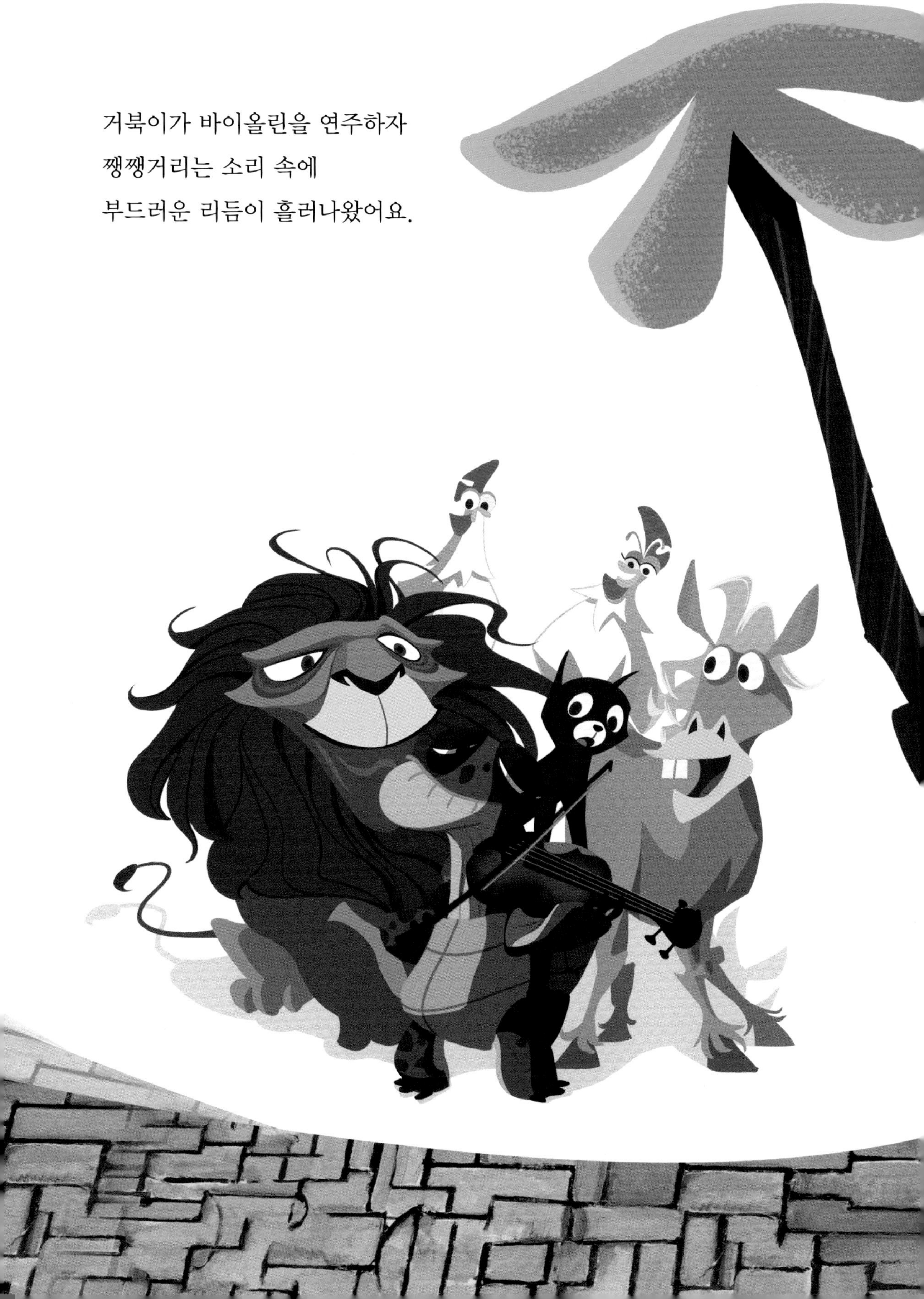

"그 소년은 어디에 있지?"

"이제…… 할아버지가 되어…… 누워만…… 지내. 소년에게…… 나의…… 연주를 들려주고…… 싶어……."

"좋아! 그렇다면 너도 우리 음악대에 들어올 자격이 있어!"

"고마워……."

당나귀는 못마땅한 듯 저만치 앞서 걸었어요.

"어휴, 저런 느림보와 함께해야 하다니 속 터져! 으히히힝."

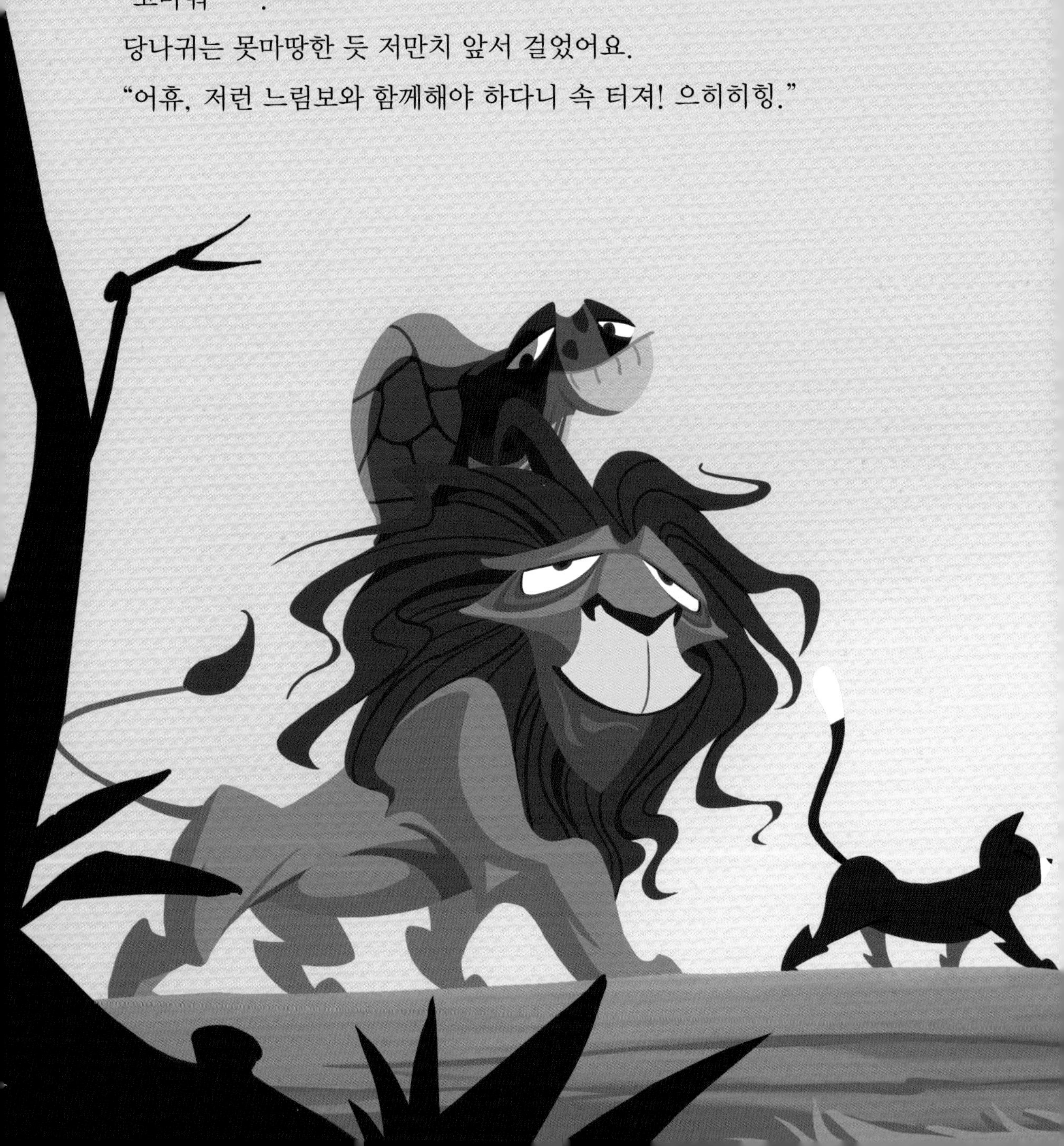

“참나! 당나귀가 음악대에 들어와도 좋다고 누가 말했지? 꼬끼오!”

암탉의 말을 당나귀는 못 들은 척했어요.

사자는 말없이 거북이를 자신의 머리 위에 앉혔어요.

“고마워……. 사자야…….”

“뭘…….”

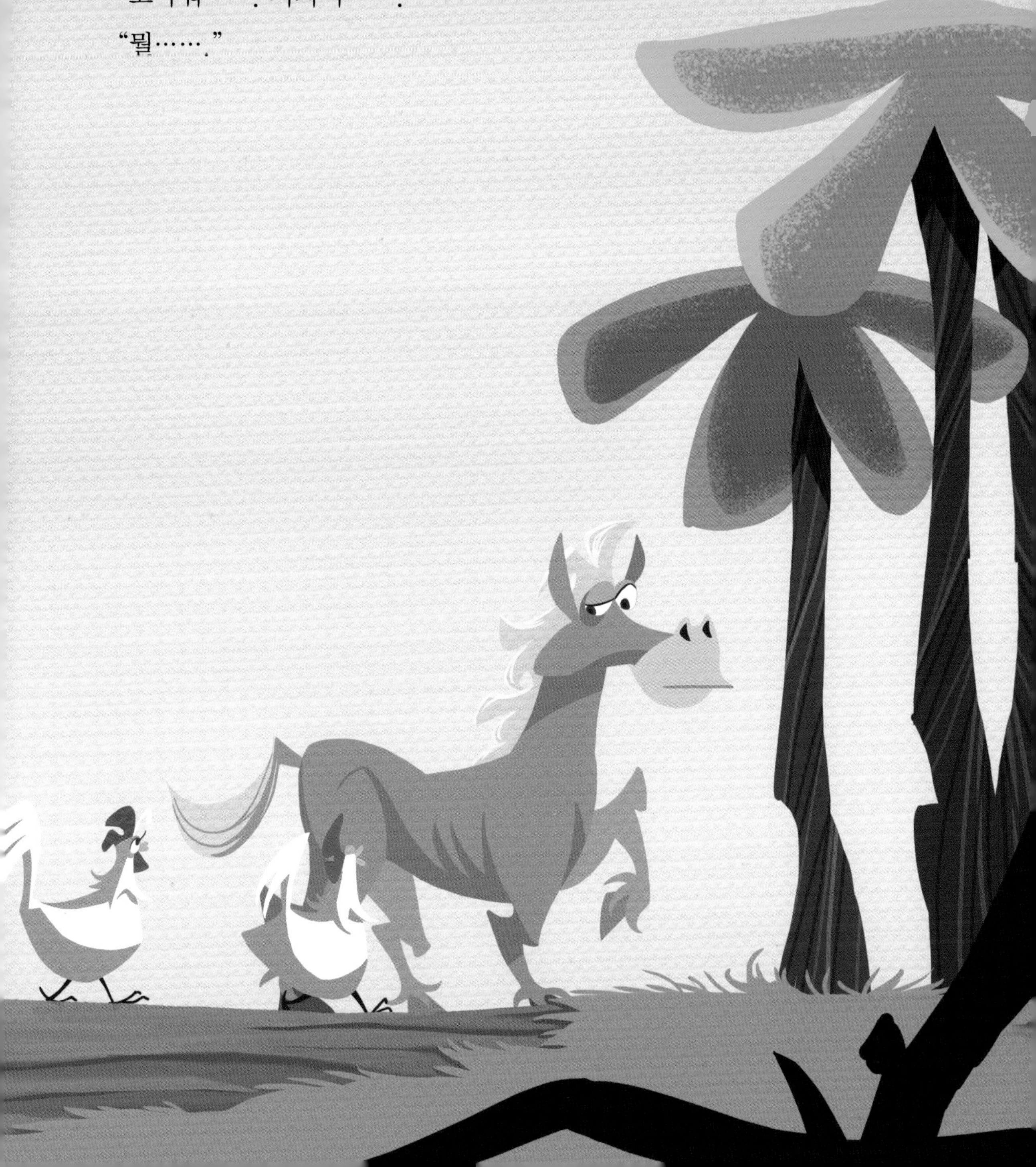

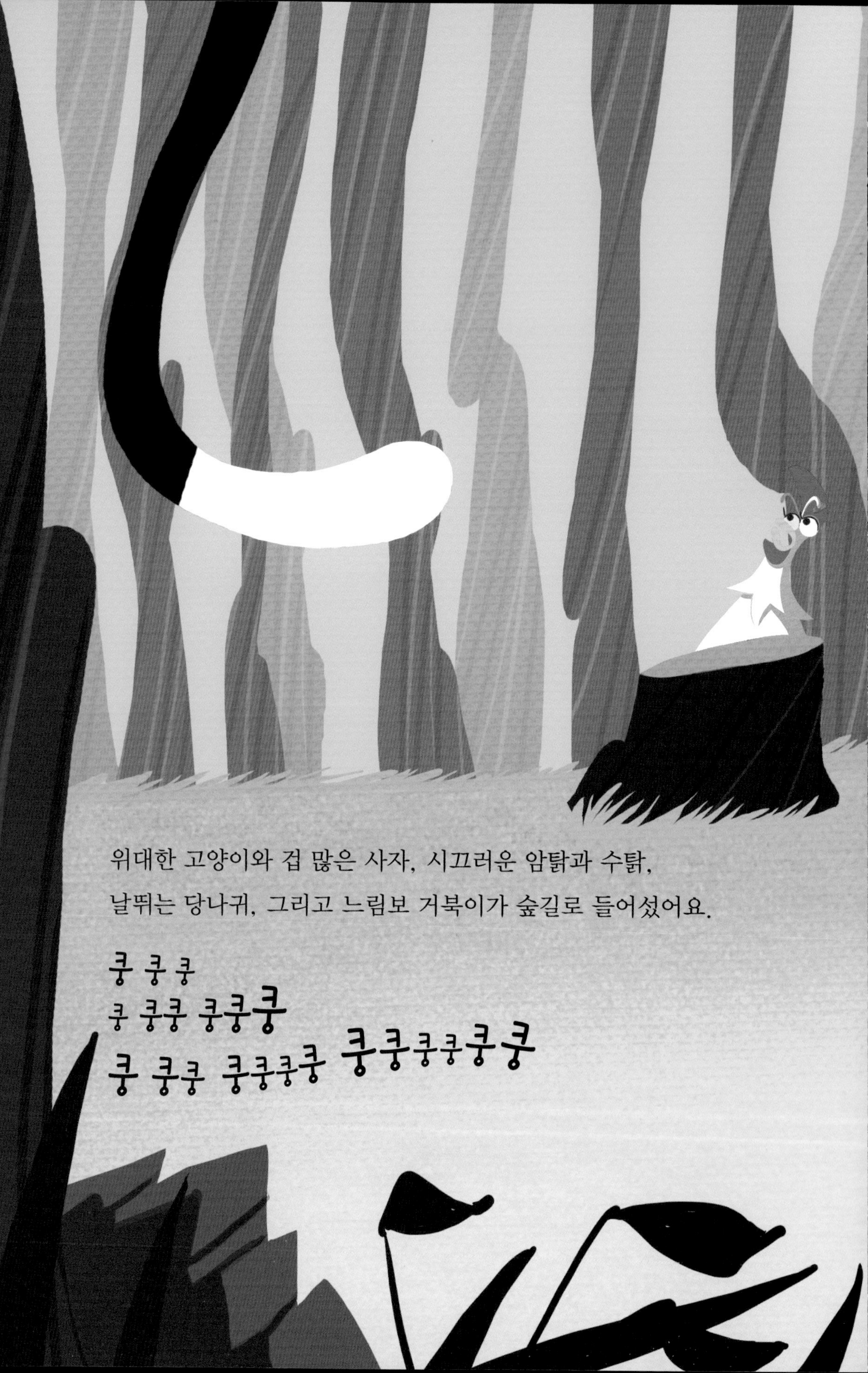

위대한 고양이와 겁 많은 사자, 시끄러운 암탉과 수탉,
날뛰는 당나귀, 그리고 느림보 거북이가 숲길로 들어섰어요.

쿵 쿵 쿵
쿵 쿵쿵 쿵쿵쿵
쿵 쿵쿵 쿵쿵쿵쿵 쿵쿵쿵쿵쿵쿵

갑자기 지진이라도 난 것처럼 땅이 흔들리기 시작했어요.
“지진인가 봐! 어떡해! 어쩌면 좋아!”
당나귀는 호들갑을 떨며 날뛰었어요.
“연주회도 열지 못하고 죽을 수는 없어! 꼬끼오!”
“아이고, 억울해라! 꼬끼오오오.”
암탉과 수탉도 날개를 푸드덕거리며 난리였어요.
사자는 깜짝 놀라 나무 뒤로 숨으면서도
거북이가 머리 위에서 떨어지지 않도록 조심했어요.
“무슨 일인지 알아보고 올게! 야옹.”
고양이는 발톱을 세워 용감하게 나무 위로 올라갔어요.

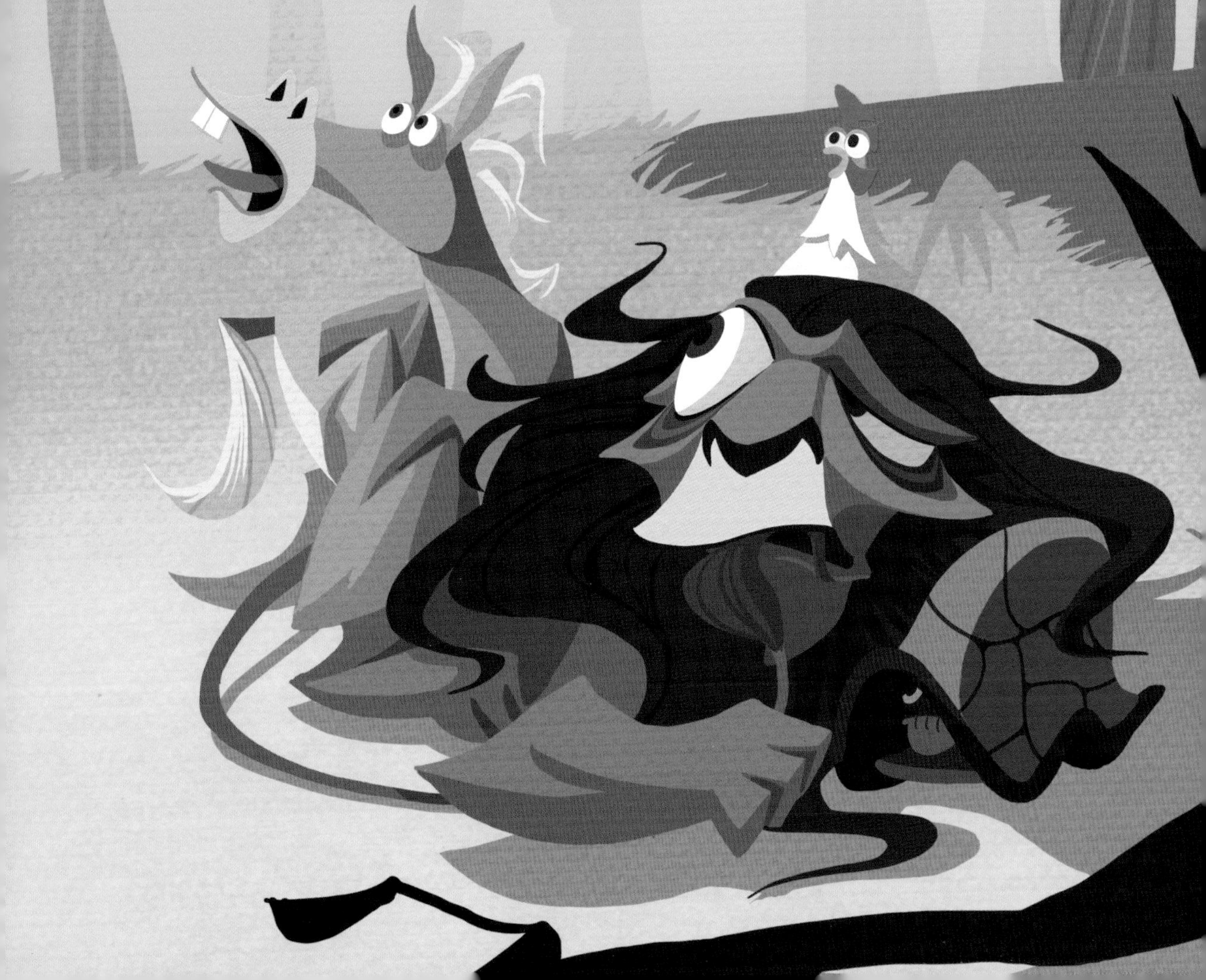

"그런데 너희들은 누구야?"

"우리는 고양이 음악대다. 멋진 음악회를 열 준비를 하고 있지."

"그렇다면 나도 끼워 줘! 조금 더 연습하면 멋지게 춤을 출 수 있어."

모두들 서로의 얼굴만 쳐다보며 눈을 끔벅였어요.

당나귀가 재빨리 말했어요.

"그건 곤란해! 우리 음악대에 들어오려면

악기를 연주할 줄 알아야 하거든."

"악기라면……. 그렇지! 더블베이스를 연주할 줄 알아."

"더블베이스라고?"

코끼리는 더블베이스를 연주하기 시작했어요.

두두 두둥둥 두두 두둥둥

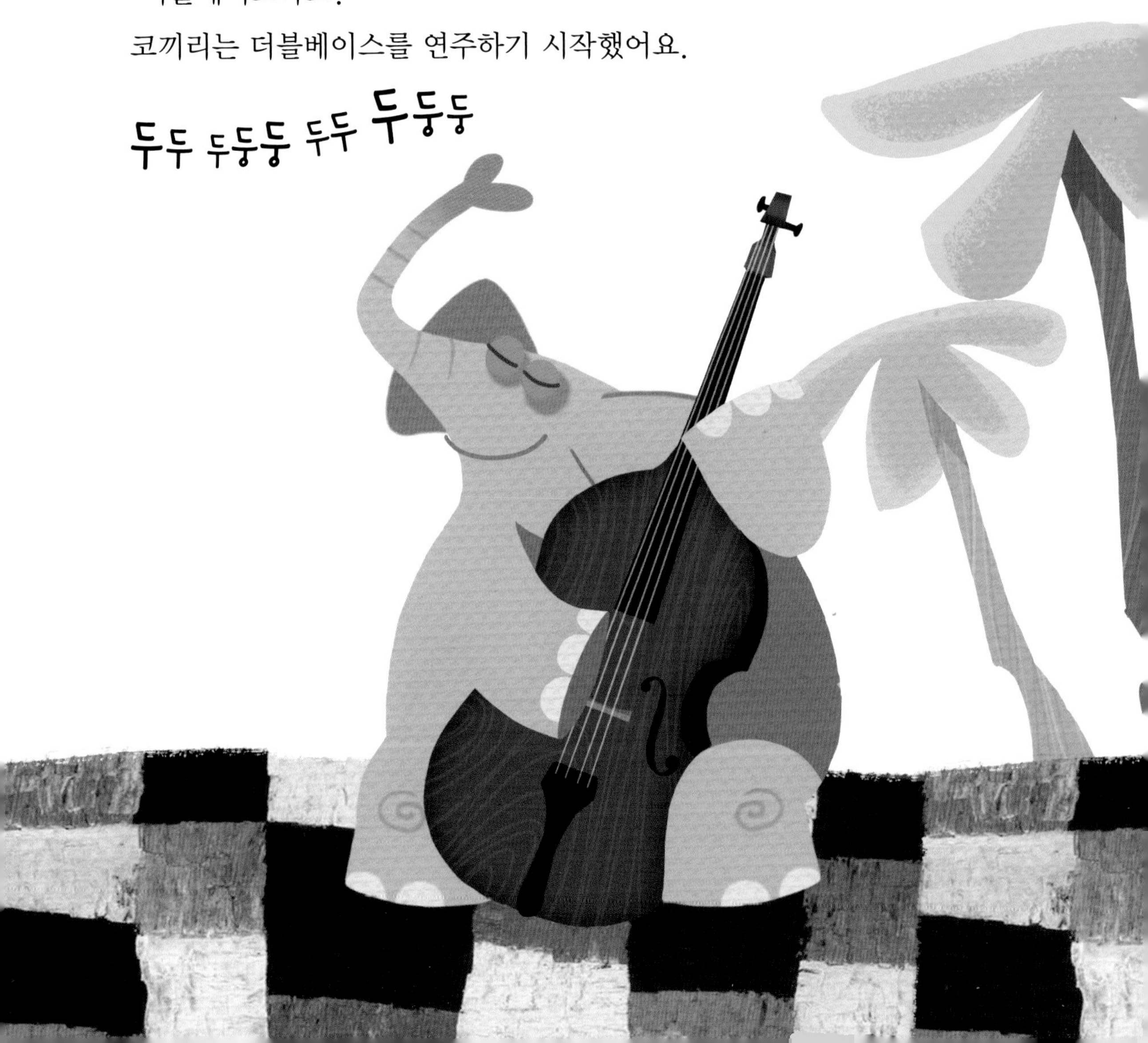

파울 클레 「리듬 속에」

1930년
캔버스에 유채, 69.6×50.5cm
조르주 퐁피두 센터

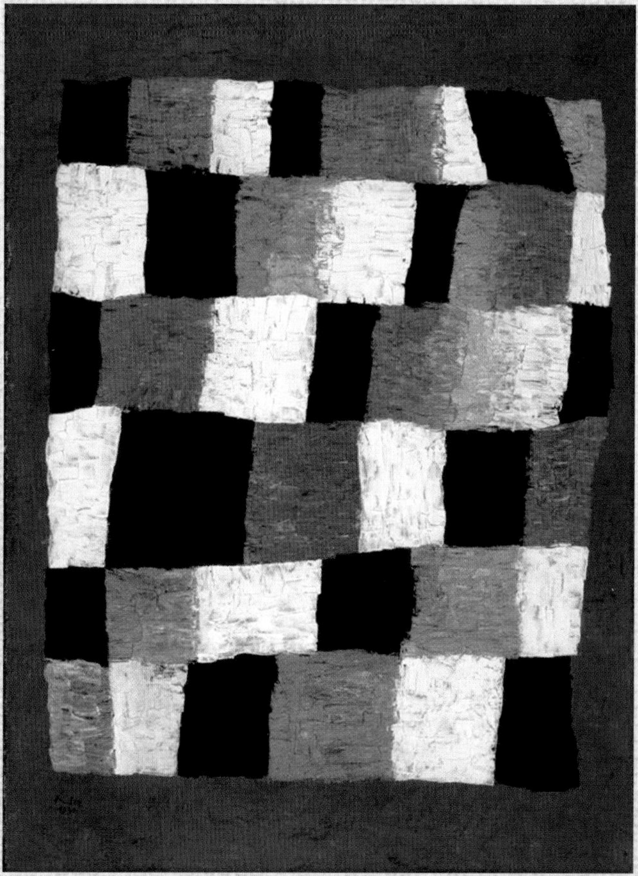

제5곡 코끼리 : 〈동물의 사육제〉 다섯 번째 곡은 바로 코끼리예요. 거대한 코끼리가 왈츠 리듬에 맞춰 춤을 추는 동작을 피아노와 더블베이스로 표현하고 있어요.

코끼리의 연주는 정말 멋졌어요!
연주를 마친 코끼리가 물었어요.
"그런데 너희 음악대는 무슨 곡을 연주할 거지?"
"글쎄! 그건 아직……."
"나는 우리에게 멋진 곡을 작곡해 줄 작곡가를 알고 있어.
나를 음악대에 끼워 준다면 그 사람에게 데려가 줄게."
고양이는 우아하게 꼬리를 흔들며 대답했어요.
"하찮은 인간 따위가 위대한 곡을 작곡할 수 있을지
걱정이지만…… 뭐 할 수 없지!"

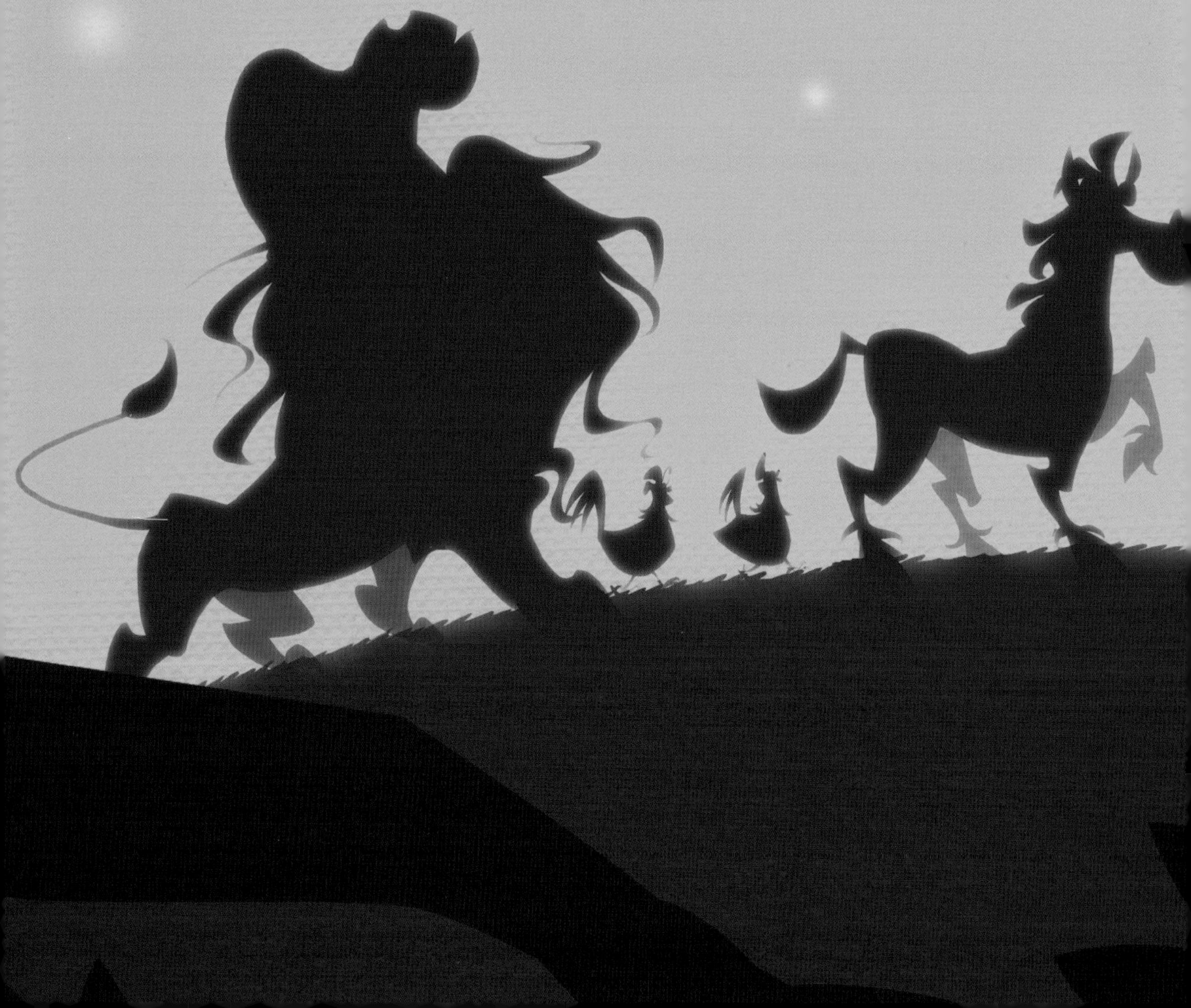

위대한 고양이와 겁 많은 사자, 시끄러운 암탉과 수탉,
날뛰는 당나귀, 느림보 거북이는
이제 엉터리 춤을 추는 코끼리의 뒤를 따라 걸었어요.
"작곡가는 여기서 조금 떨어진 마을에 살고 있어.
부지런히 걸으면 내일은 도착할 수 있을 거야."

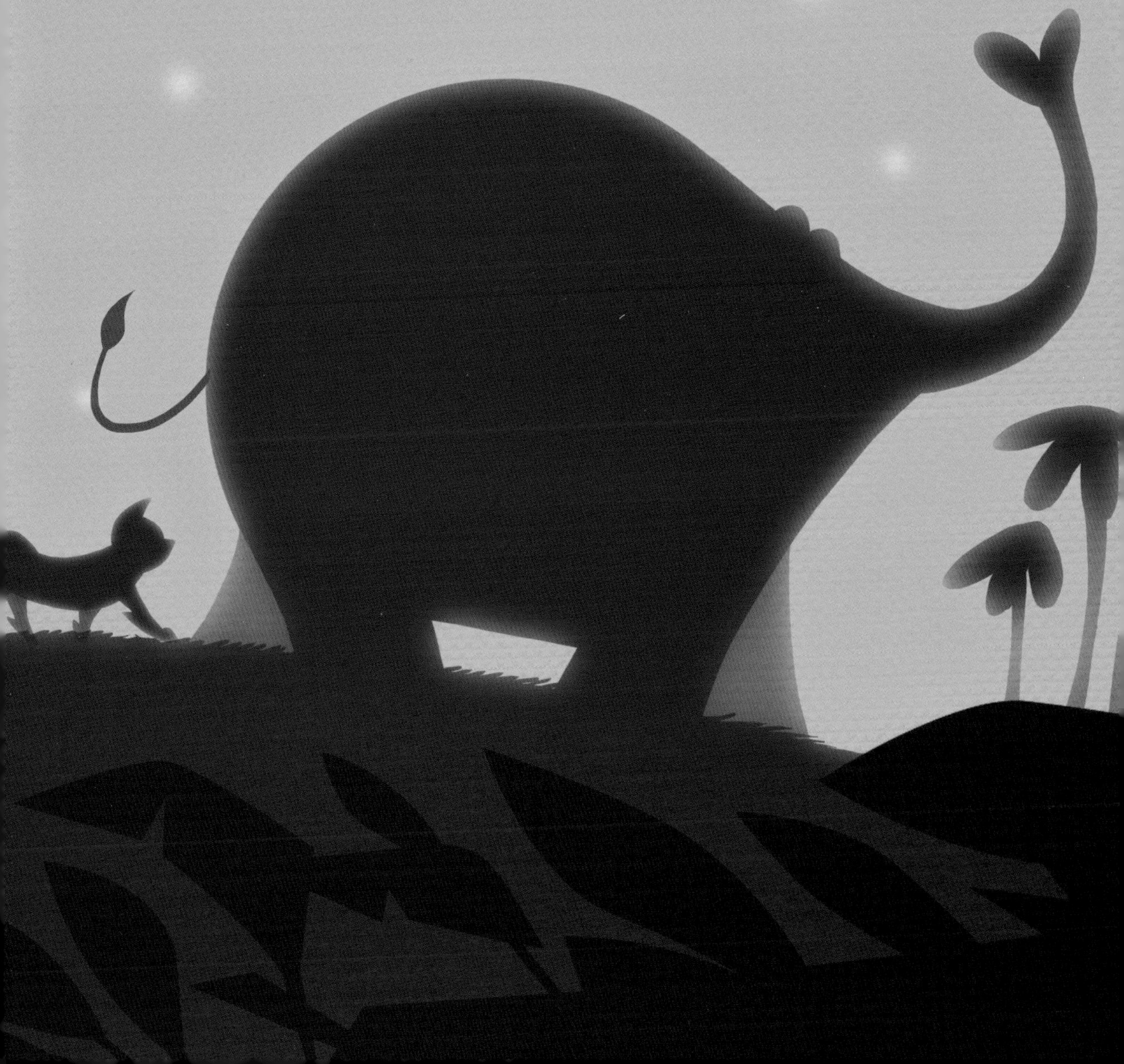

어느새 날이 저물었어요.

“너무 어두워.”

겁에 질린 사자가 덜덜 떨며 말했어요.

“좋아! 아침까지 여기서 쉬어 가자.”

고양이는 나무 위로 올라가 앉았어요.

사자는 나무 기둥 뒤의 안락한 장소를 찾아냈어요.

거북이도 사자 갈기를 덮고 누웠어요.

암탉과 수탉은 그대로 앉아서 꾸벅꾸벅 졸기 시작했어요.

코끼리와 당나귀도 제각기 자리를 잡았지요.

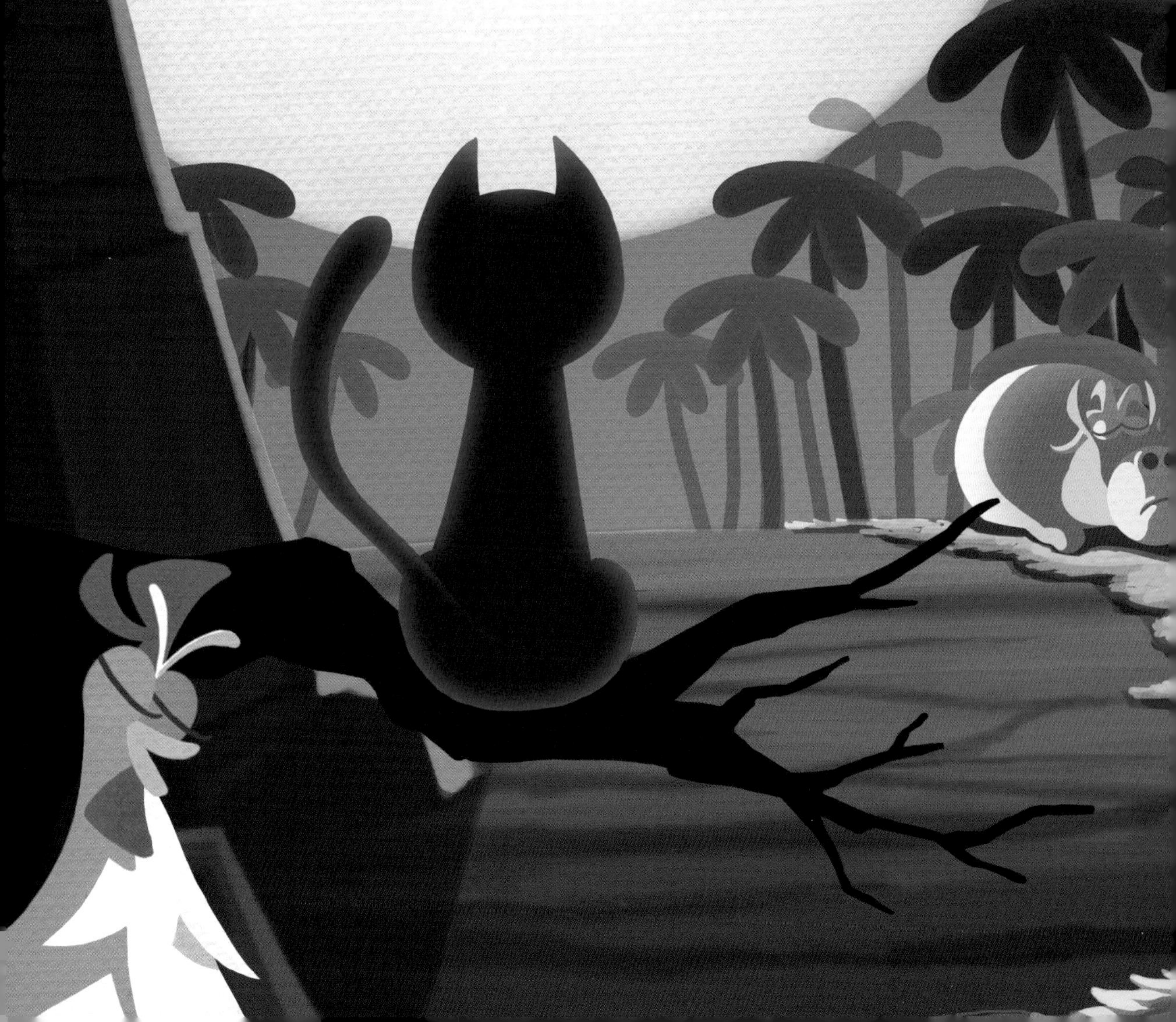

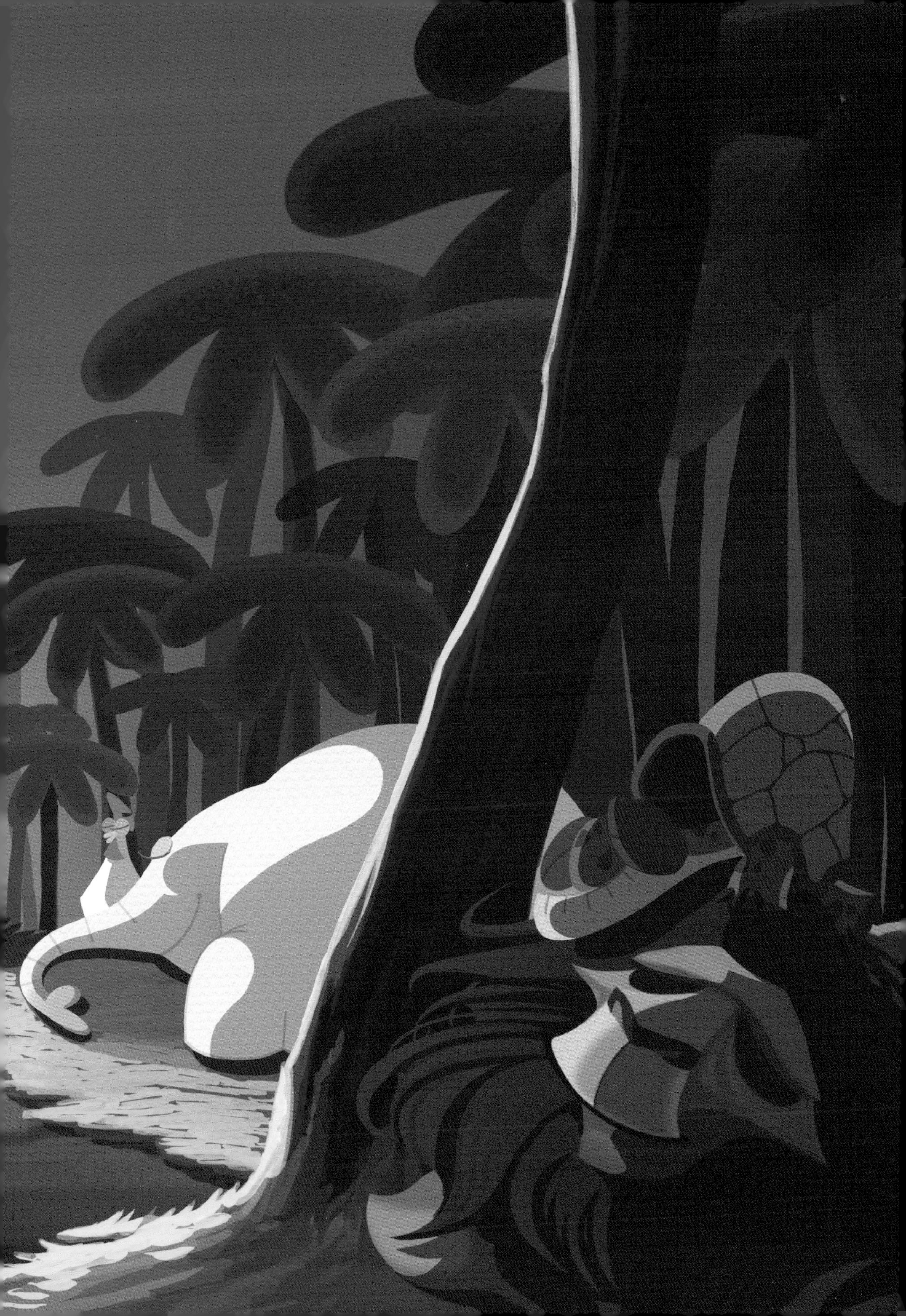

어슴푸레 날이 밝아오자 가장 먼저 눈을 뜬 건 암탉이었어요.
암탉은 목청을 가다듬었어요.
"내 고운 목소리로 모두의 잠을 깨워야지. 꼬, 꼬, 꼬 꼬끼……."
그때였어요.

콩콩콩 콩콩콩 콩콩콩

캥거루였어요!
"하마터면 놓칠 뻔했지 뭐야. 고양이가 음악대를 만든다는 소문을 듣고 멀리서부터 너희들을 쫓아왔어!"
캥거루는 기분이 좋은지 하늘 높이 뛰어 댔어요.

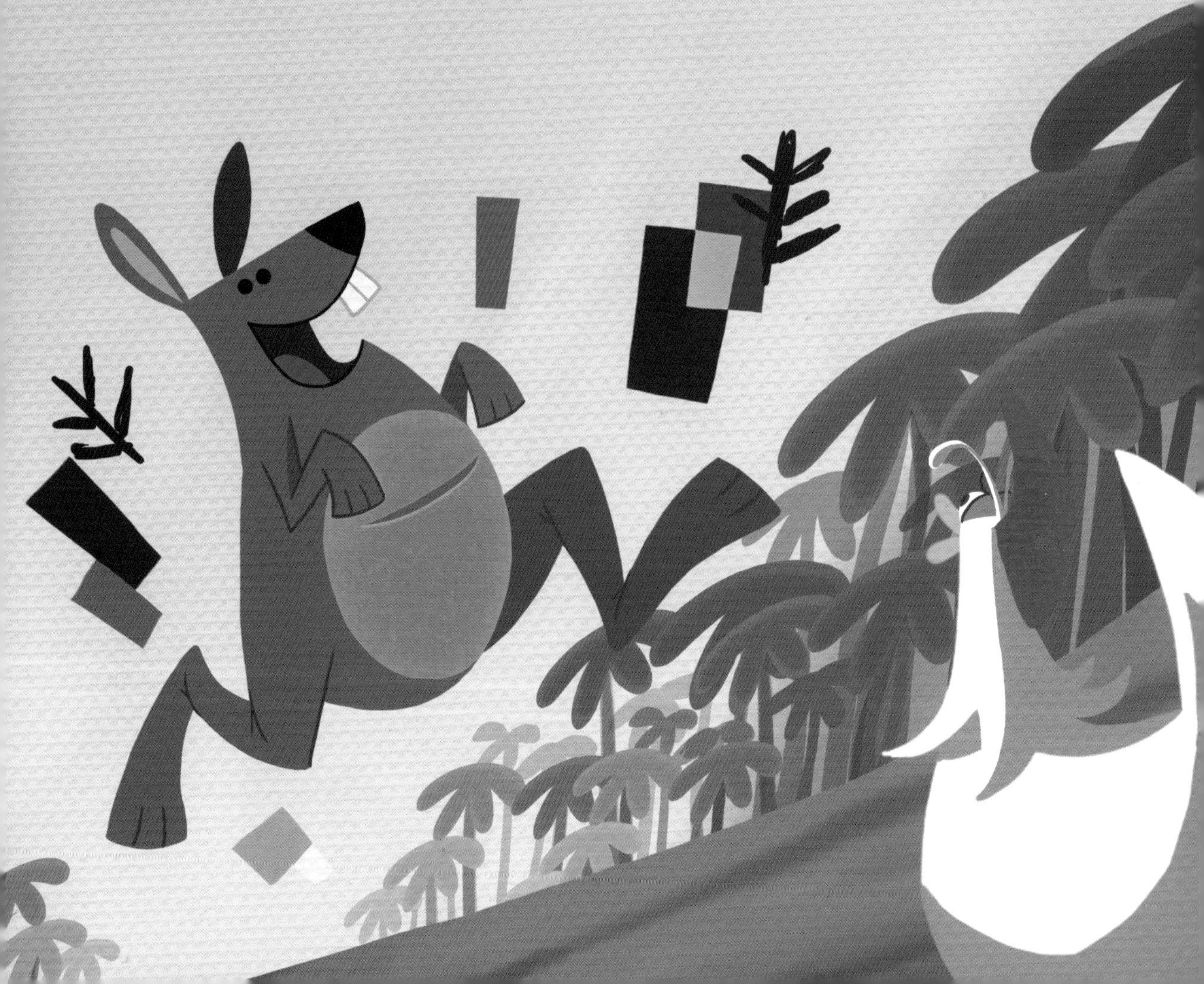

파울 클레 「레드그린 그리고 보라-노랑의 리듬」

1920년
카드보드 위에 유채, 37.5×33.7cm
뉴욕 메트로폴리탄 미술관

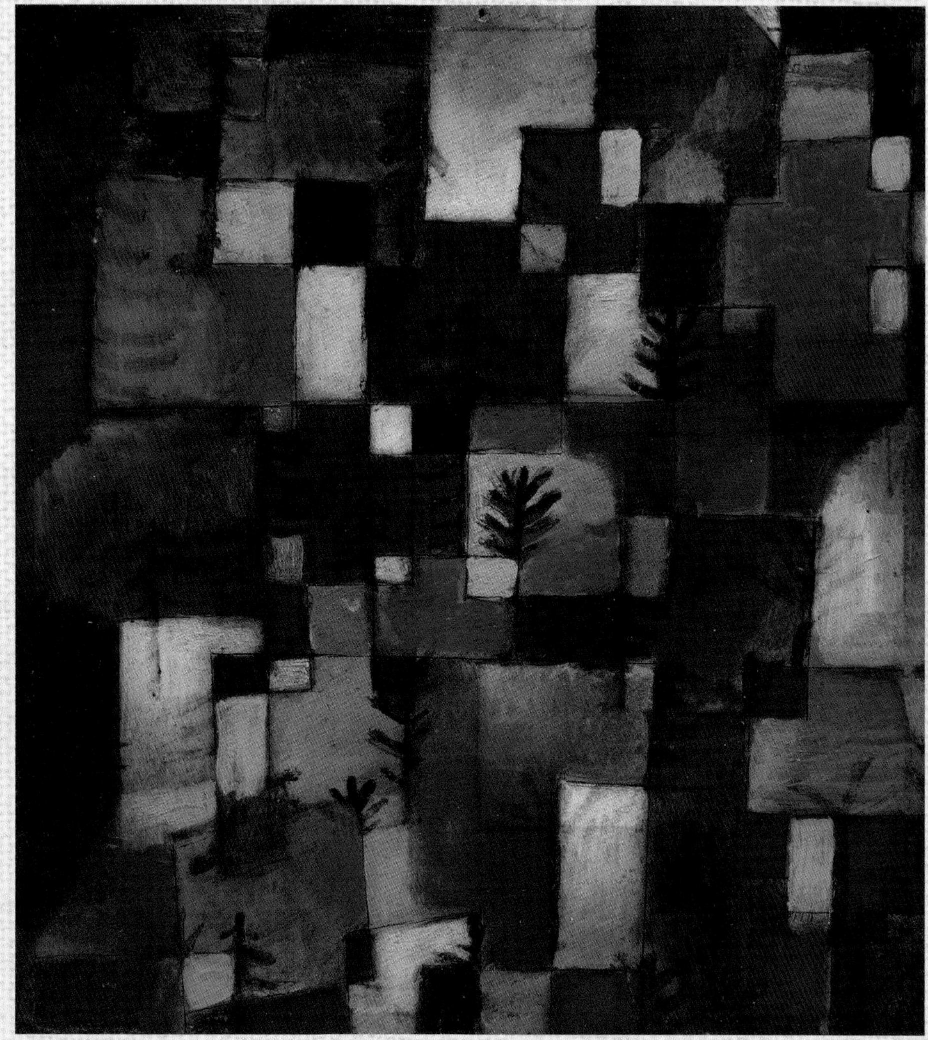

제6곡 캥거루 : 〈동물의 사육제〉의 여섯 번째 곡은 바로 캥거루예요. 두 대의 피아노로 강약의 변화를 주며 4박자와 3박자를 교차시켜 뒷다리로 여기저기 뛰어다니는 캥거루의 모습을 묘사하고 있어요.

캥거루가 일으킨 소동 때문에 물고기들마저 잠에서 깨어났어요.
물고기들은 아가미와 꼬리를 가볍게 흔들어 잠을 떨친 뒤
맑은 연못을 유유히 헤엄쳤어요.
"늘 고요하던 숲이 왜 이렇게 시끄럽지?"
"고양이가 음악대를 만든대."
"음악대라고?"
물고기들의 수다로 물속이
소란스러워졌어요.

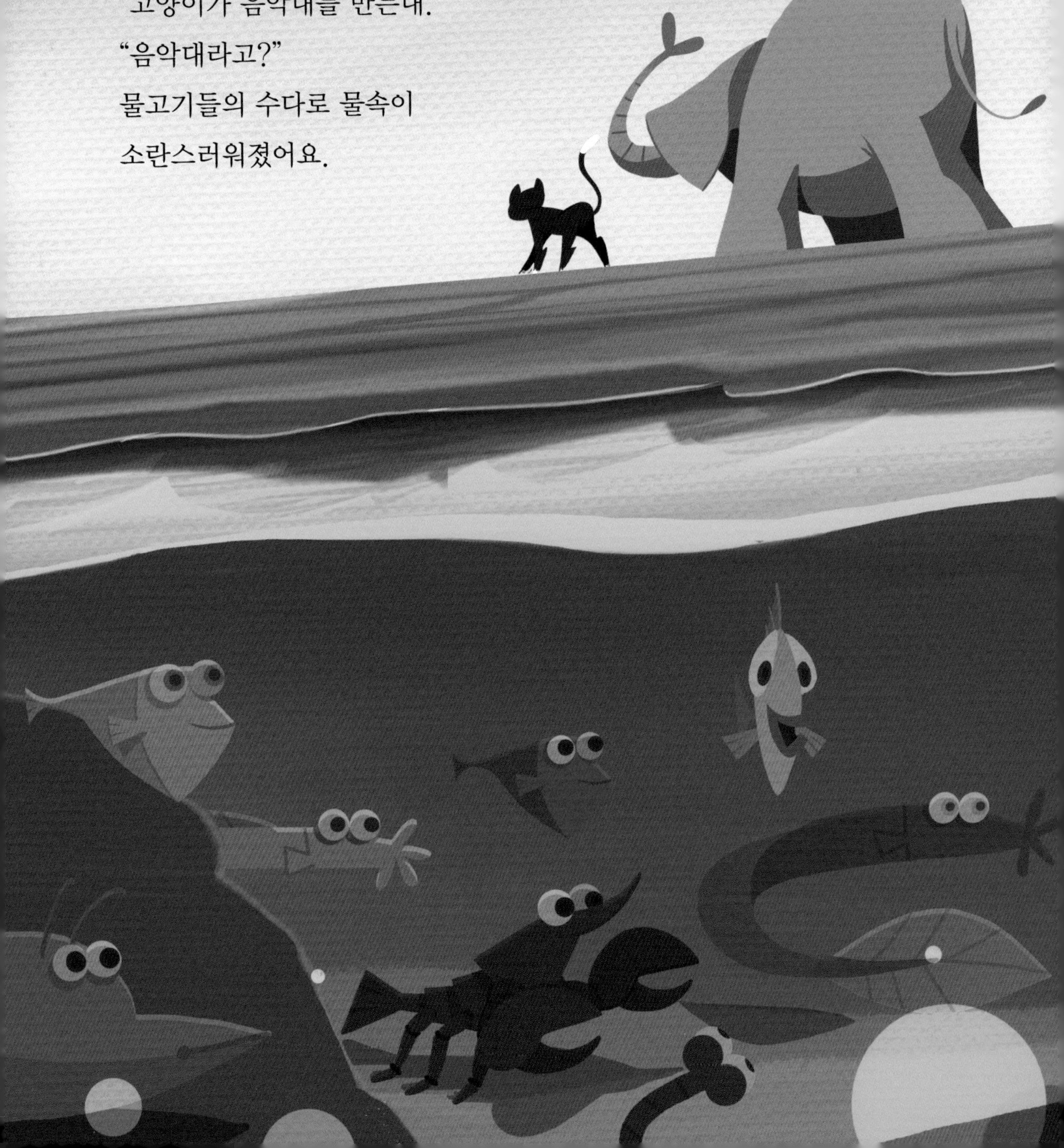

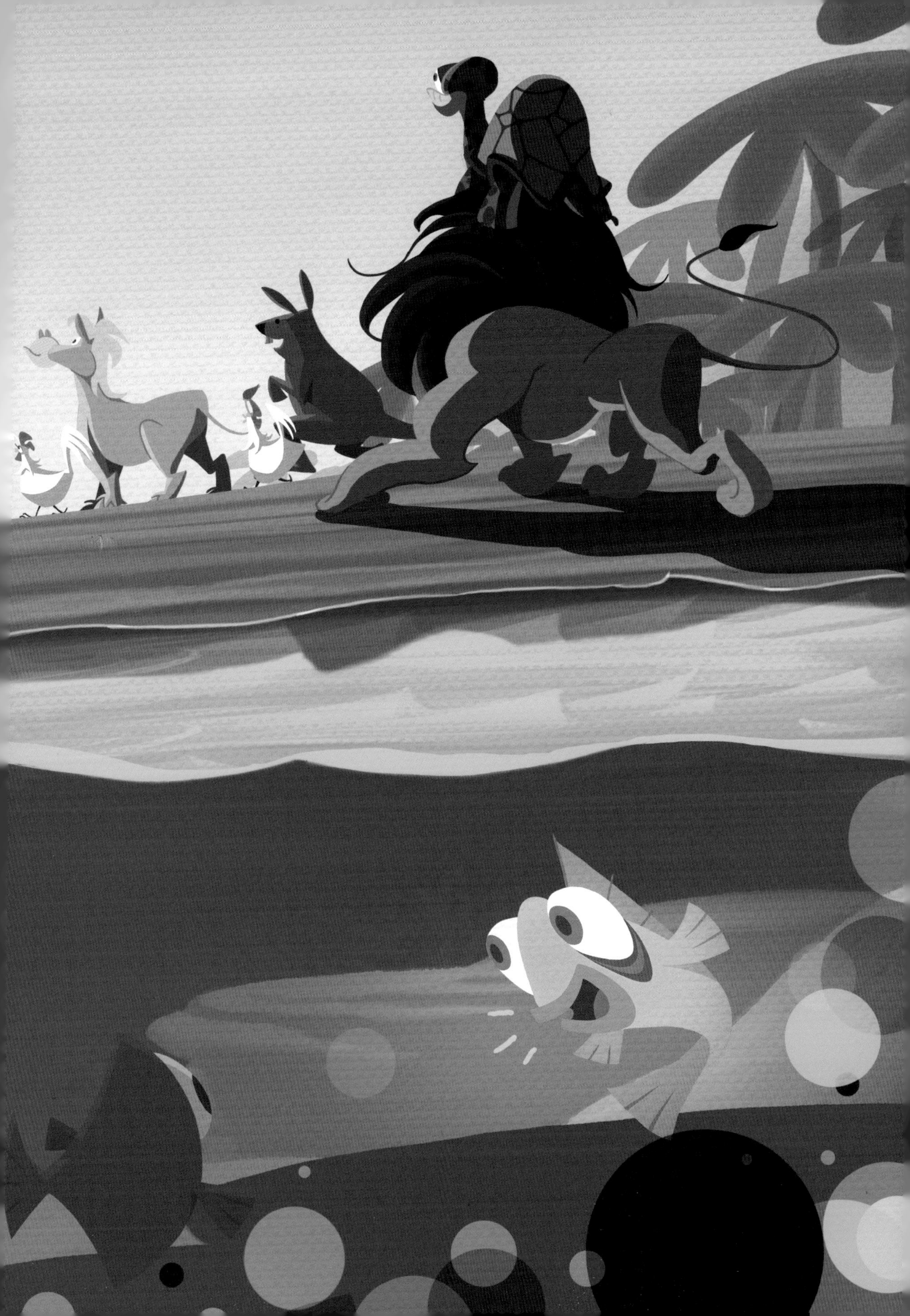

물고기 하나가 수면 위로 고개를 내밀었다가
다시 물속에 잠기길 반복하며 말했어요.
"고양이야! 음악대를 만든다고?"
다른 물고기들도 빼끔빼끔 고개를 내밀었어요.
"그럼 우리도 함께 데려가 줘!"
"여기는 너무 좁고 갑갑해."
"더 넓은 세상으로 나가고 싶어."
고양이가 연못을 가만히 들여다보았어요.
수면 위에 하늘이 맑게 비추어
해도, 구름도, 뻐꾸기도
모두 저 안에 있는 것만 같았지요.
"좋아! 너희들도 데려갈게."

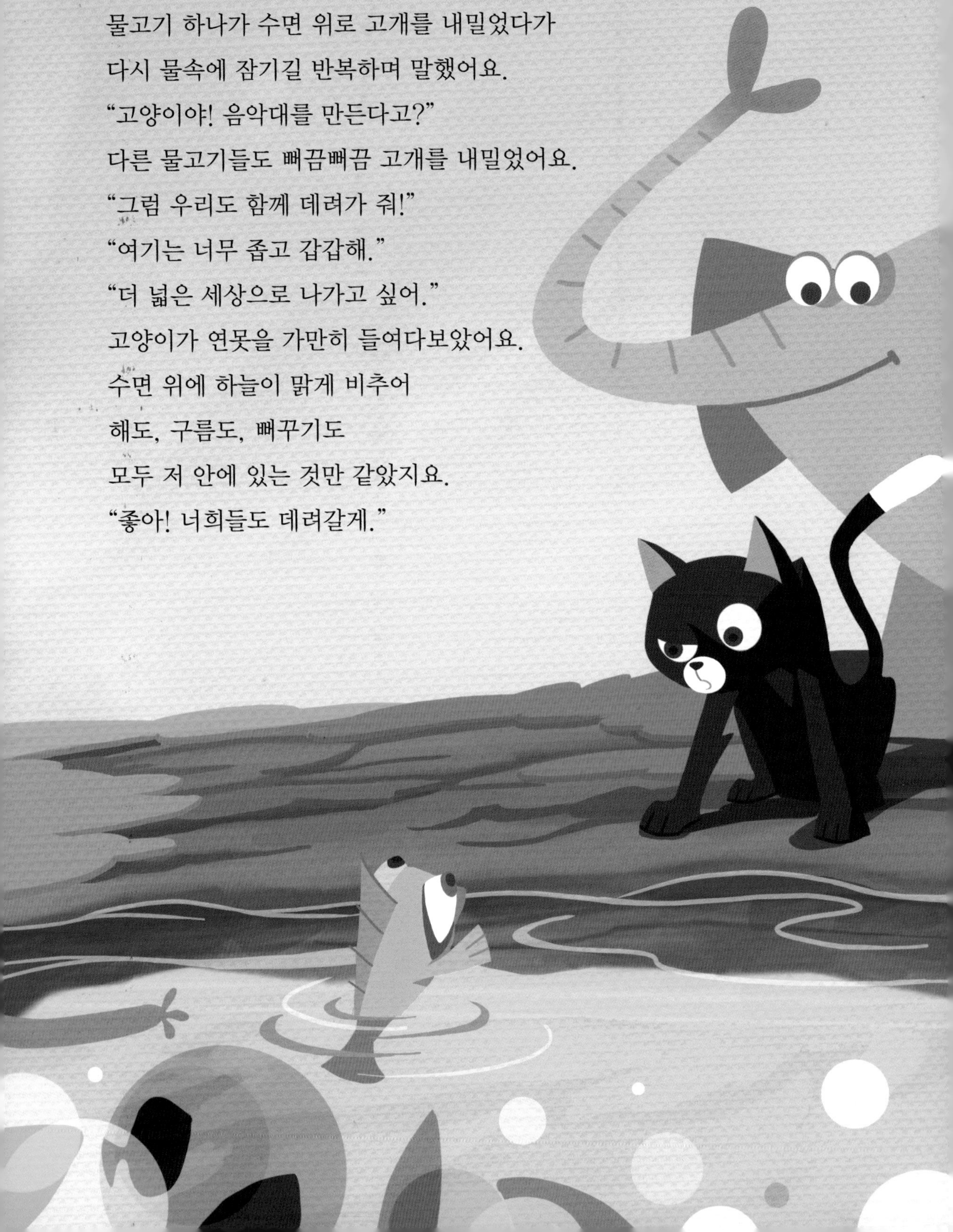

칸딘스키 「여러 개의 원」

1926년
캔버스 위에 유채, 140.3×140.7cm
뉴욕 구겐하임 미술관

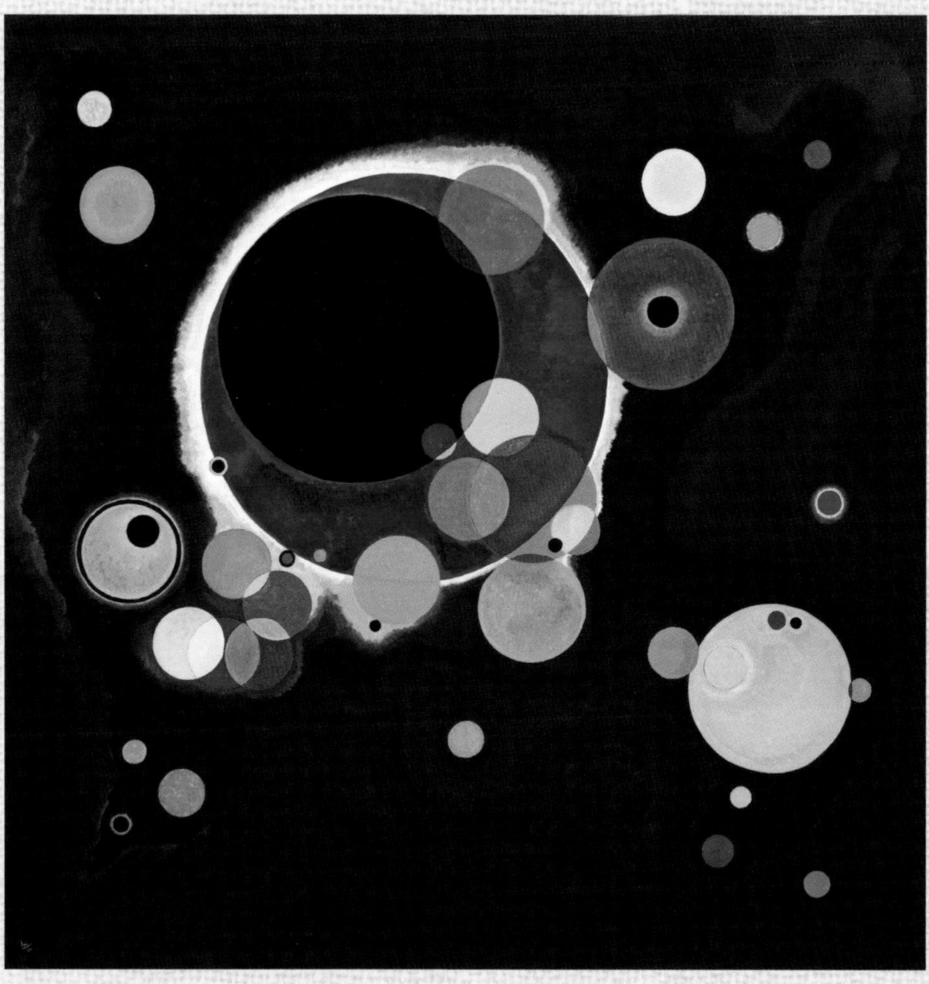

제7곡 수족관 : 플루트, 하모니움, 피아노, 첼레스타, 현악기 4부가 물속을 헤엄치는 물고기들의 움직임을 맑고 신비로운 선율로 표현하고 있어요.

아침 해가 떠올라 숲속 곳곳을 환하게 비추었어요.
고운 날개를 가진 뻐꾸기들이 무리를 지어 날아왔지요.

뻐꾹 뻐꾹 뻐꾹 뻐꾹

"음악대를 만든다는 소문을 들었어."
"우리는 악기보다 더 아름다운 목소리를 가지고 있지!"

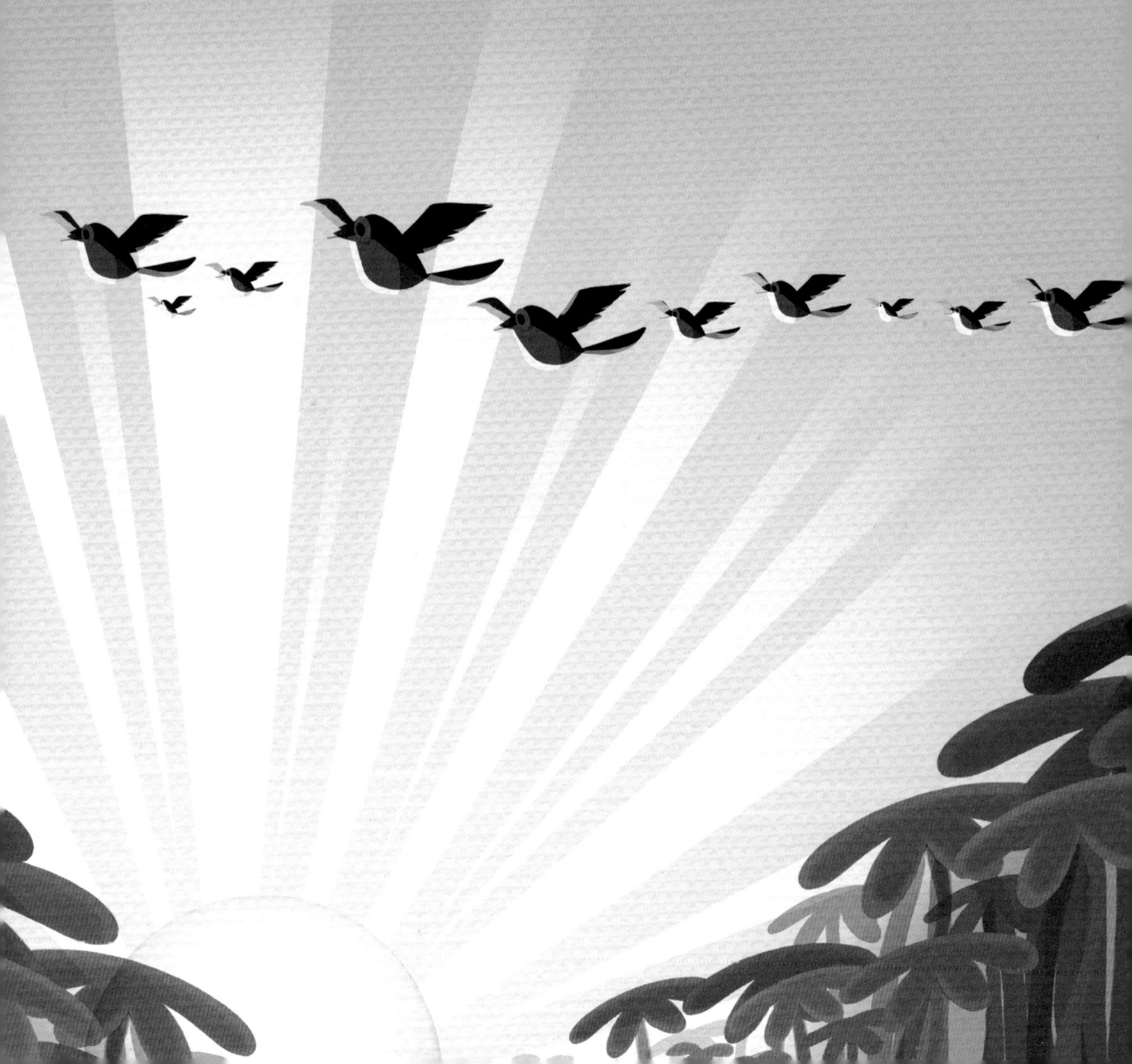

호안 미로 「블루 II」

1961년
캔버스에 유채, 270×355cm
조르주 퐁피두 센터

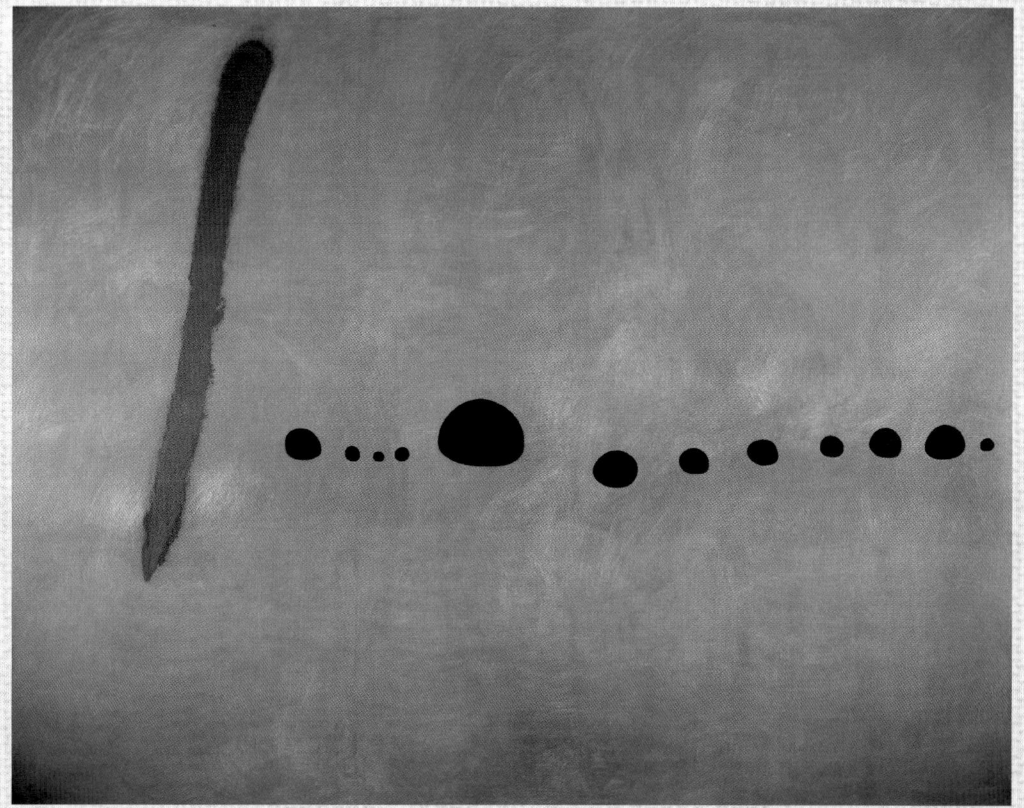

제9곡 숲속의 뻐꾸기 : 두 대의 피아노가 조용한 숲속의 모습을, 클라리넷이 숲에 울려 퍼지는 뻐꾸기의 울음소리를 표현하고 있어요.

빼꾸기를 따라 큰 새들도 날아왔어요.

“우리는 플루트를 연주할 줄 알아.

맑고 깨끗한 소리를 내는 악기란다.”

“우리를 음악대에 끼워 준다면 가는 길을 살펴 줄게.”

고양이는 하늘을 올려다보며 말했어요.

“좋아! 너희들이라면 나의 위대한 음악대에 어울릴 거야.”

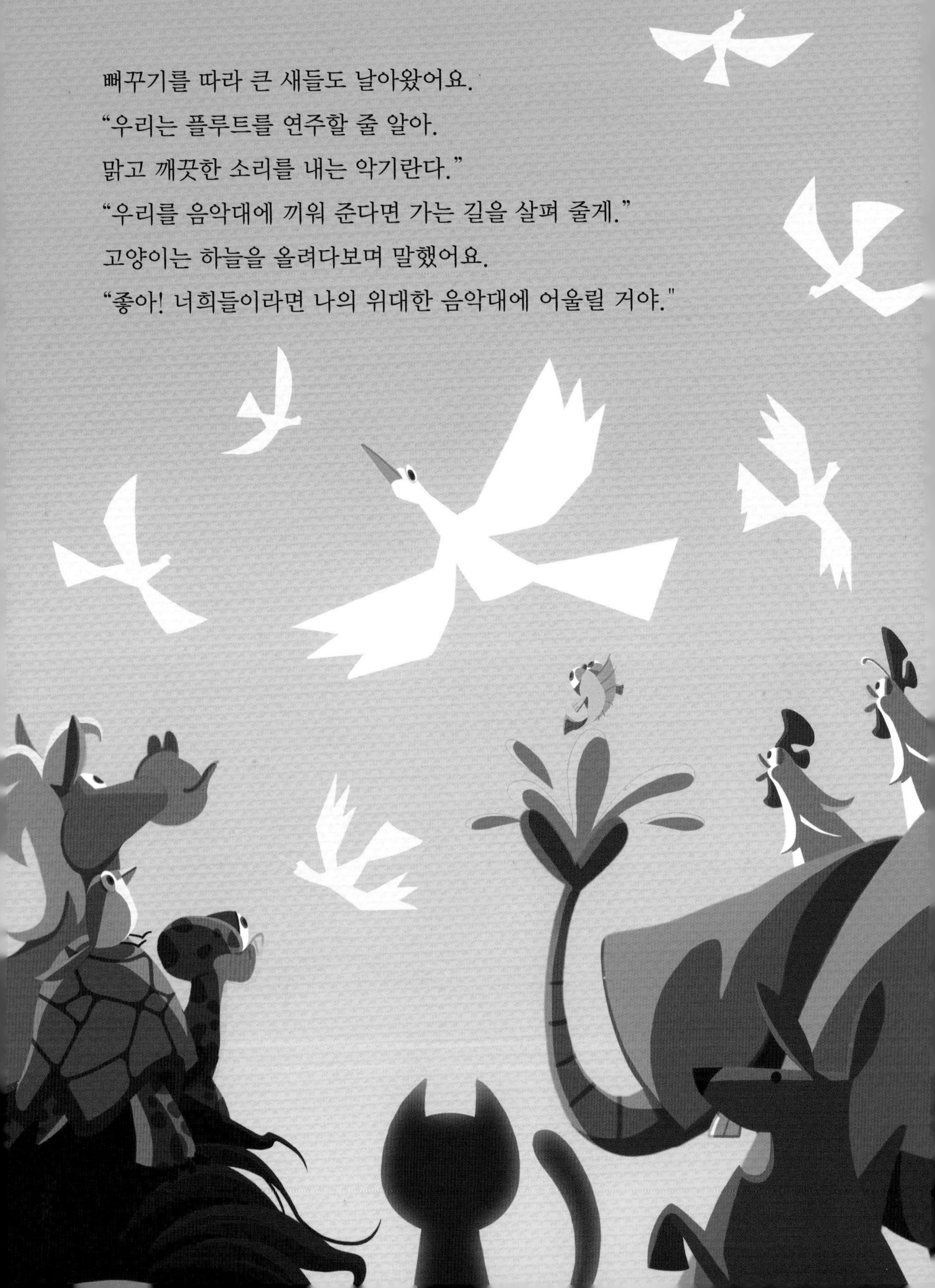

앙리 마티스 「폴리네시아, 하늘」

1946년
캔버스에 유채, 200×314cm
조르주 퐁피두 센터

제10곡 큰 새장 : 〈동물의 사육제〉의 열 번째 곡은 바로 큰 새장이에요. 플루트와 피아노로 새들이 지저귀며 날아다니는 모습을 표현하고 있어요. 위의 새들은 하늘이라는 큰 새장 속에서 자유롭게 날아다니고 있는 것 같지요?

마을 입구에 다다르자 작은 호수가 눈에 들어왔어요.
커다란 날개를 우아하게 접으며 백조가 호수에 내려앉았지요.
“모두들 어디에 가고 있니?”
“우린 이 마을에 살고 있는 작곡가를 만나러 가.
우리 음악대를 위해 멋진 곡을 써 달라고 말이야.”
그러자 백조가 고개를 갸우뚱하며 말했어요.
“음악대라고? 멋지구나! 하지만 그 작곡가는
벌써 몇 달째 코빼기도 못 봤는걸?”
“그게 정말이니?”
“응, 그 집은 늘 어둡고 케케묵은 냄새가 나.
게다가 성격은 얼마나 괴팍한지
집 밖으로 짜증 섞인 비명소리만 새어 나온단다.”
“이상한 사람 아닐까? 무서워.”
사자가 얼른 고양이 뒤로 숨었어요.
“원한다면 내가 집을 안내할게. 대신 나도 음악대에 끼워 주렴.
난 첼로를 연주할 줄 알거든. 우아한 소리를 내는 악기지.”

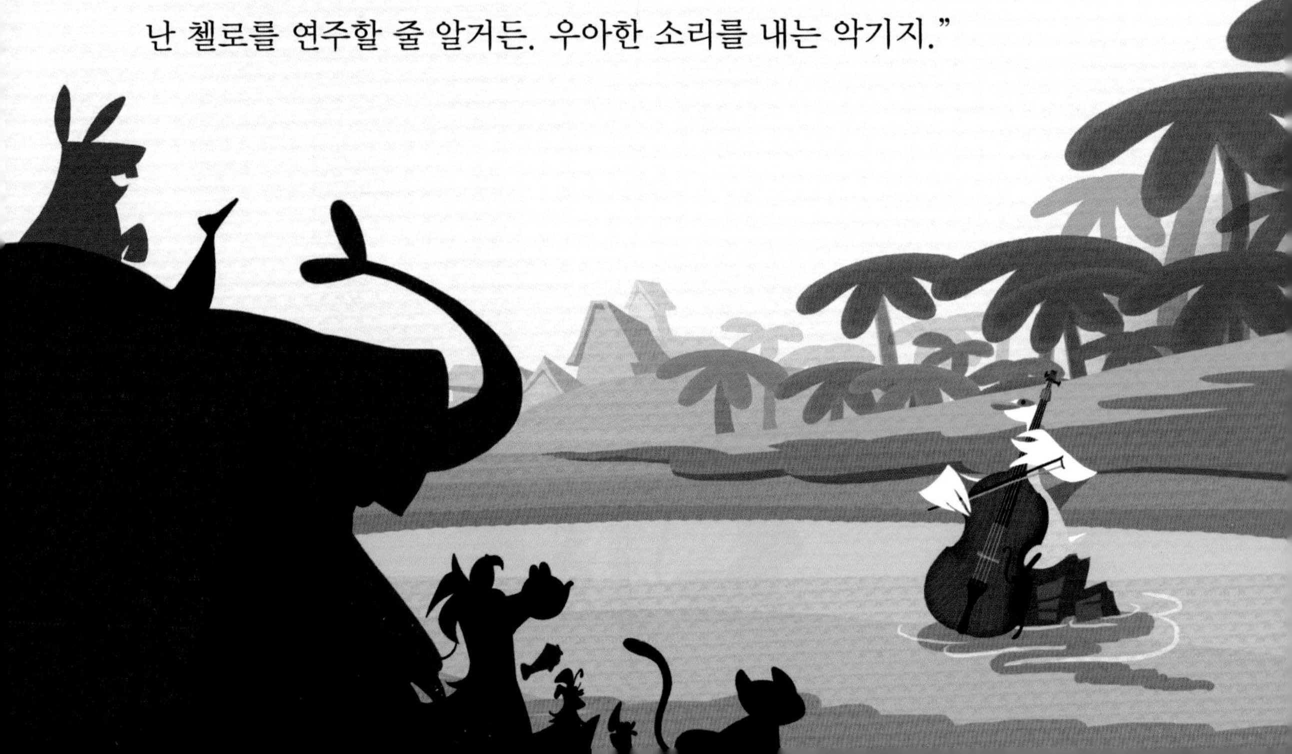

앙리 마티스 「폴리네시아, 바다」

1946년
캔버스에 유채, 196×314cm
조르주 퐁피두 센터

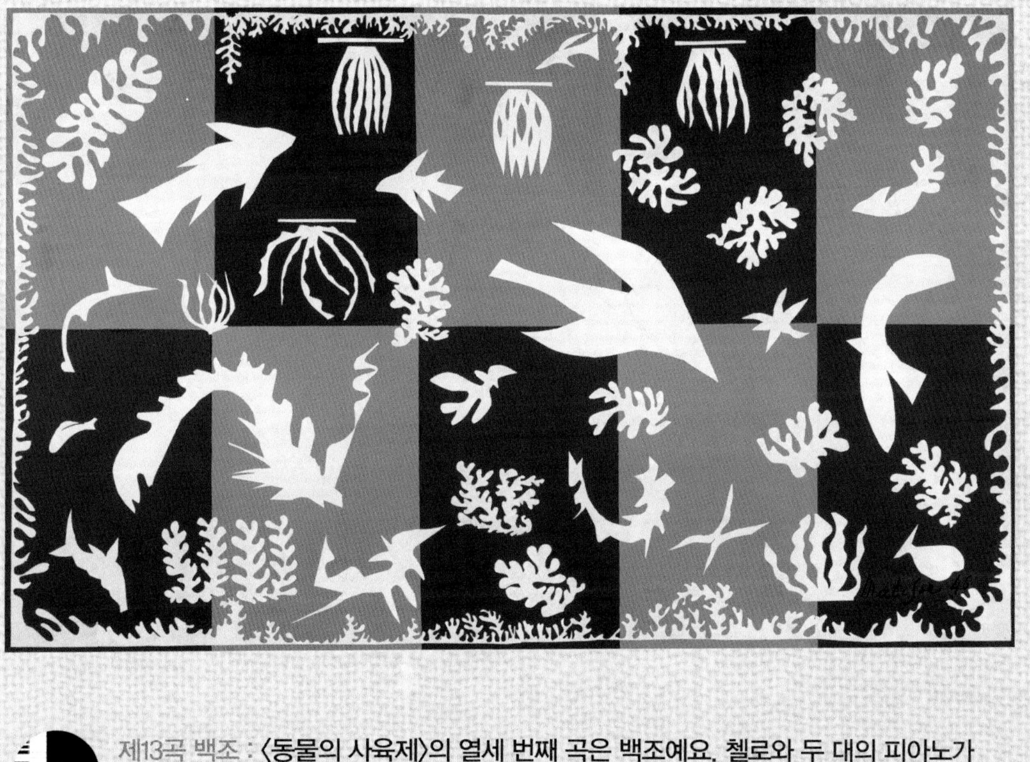

제13곡 백조 : 〈동물의 사육제〉의 열세 번째 곡은 백조예요. 첼로와 두 대의 피아노가 우아한 백조의 모습을 아름다운 선율로 표현하고 있어요. 〈동물의 사육제〉 중 가장 잘 알려져 있는 곡으로, 생상스가 생전에 출판을 허락했던 유일한 곡이지요.

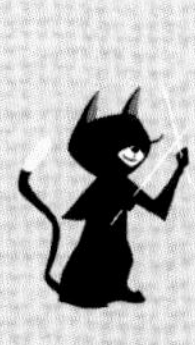

백조는 파란 대문 앞까지 음악대를 안내했어요.

똑, 똑, 똑.

고양이가 문을 두드리자 잔뜩 헝클어진 머리카락에

다 낡아빠진 옷차림을 한 남자가 나타났어요.

남자는 험상궂은 얼굴을 일그러뜨리며 소리쳤어요.

"너희들은 누군데 나를 방해하는 거야?"

"우리는 고양이 음악대!

당장 우리를 위해 위대한 곡을 작곡하시오!"

고양이는 야옹거리며 엄포를 놓았어요.

"뭐라? 고양이 음악대?"

화가 몹시 난 남자는 발을 구르며 외쳤어요.

"지금 몇 달째 아무 영감도 떠오르지 않아서 미칠 지경이야!

썩 꺼져 버려!"

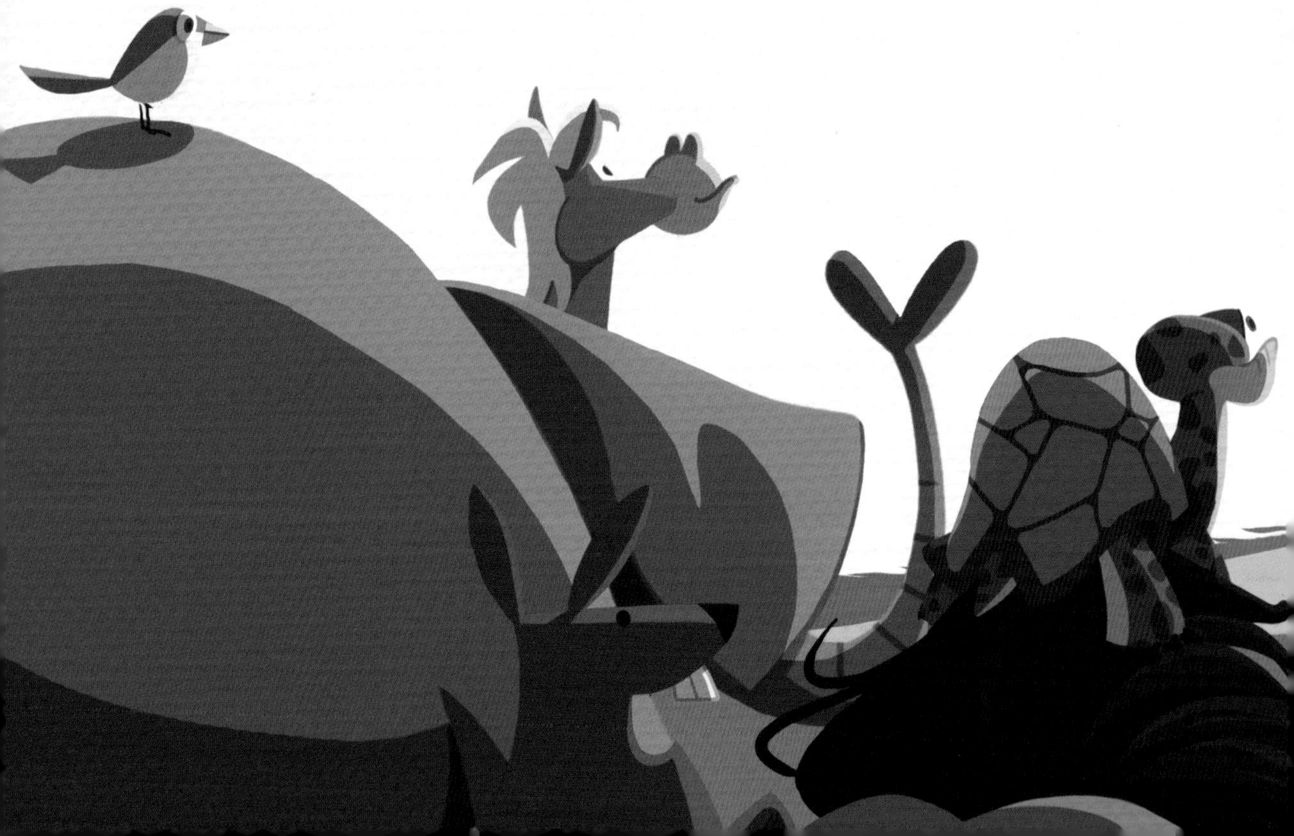

그러던 남자의 눈이 갑자기 커졌어요.

"……오! 잠깐! 고양이 음악대라고? 바로 그거야!"

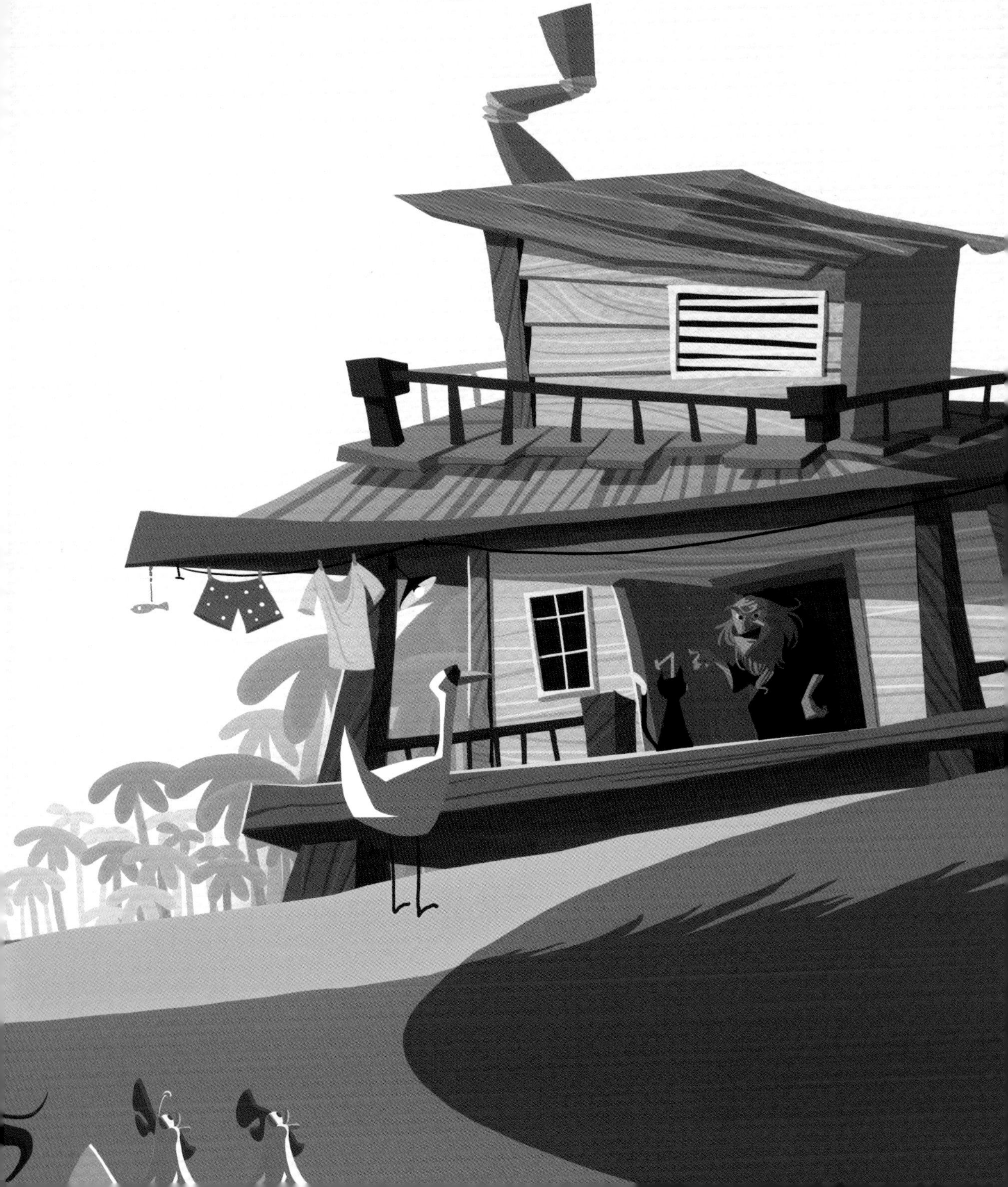

남자는 정신없이 악보를 그리기 시작했어요.
손이 얼마나 빠른지 거북이는 하늘이 뱅글뱅글 도는 것 같았어요.
"조금 더 빨리! 더! 더!"
성질 급한 당나귀는 방 안을 날뛰며 남자를 재촉했어요.
잠시 후, 펜을 내려놓은 남자는 환호성을 질렀어요.
"이야! 드디어 작곡을 해냈다!
몇 달 동안 한 줄의 악보도 그리지 못했는데
너희를 보는 순간 멋진 리듬이 떠올랐어."
"어디 한번 볼까? 야옹."
고양이는 악보를 들여다보았지만 꼬불꼬불 기호가
이상하게만 보였어요.
하지만 거들먹거리며 이렇게 말했죠.
"참으로 멋진 곡이구나! 위대한 음악대에 잘 어울리겠어."
"이 곡을 너희에게 바친다. 곡의 제목은 〈동물의 사육제〉!"

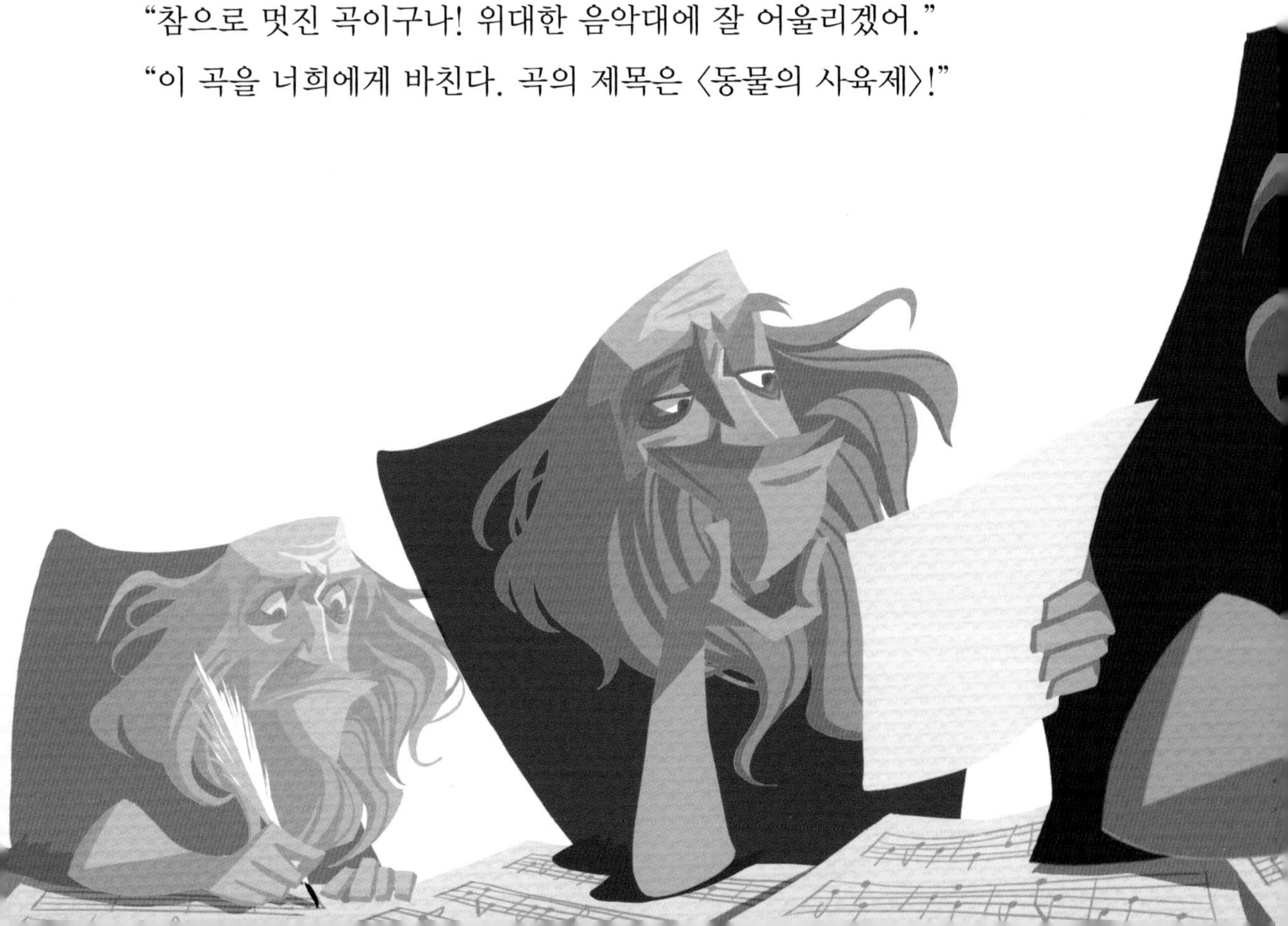

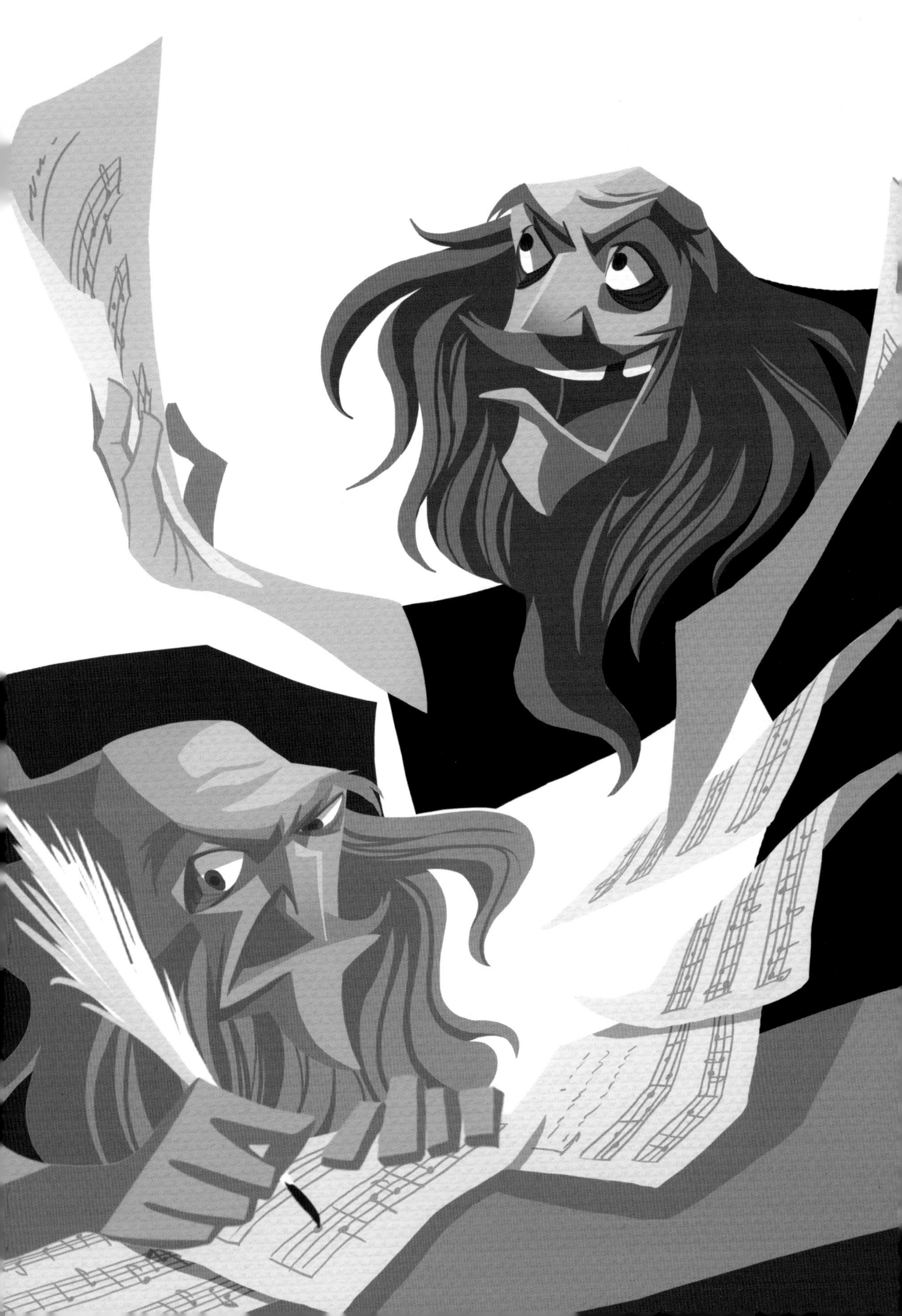

"〈동물의 사육제〉라고?"

"정말 멋진 제목이야!"

동물 친구들은 각자 악기를 집어 들었어요.

"악기만 연주할 것이 아니라 곡에 우리의 울음소리를 함께 넣으면 어떨까?"

"좋은 생각이야! 으히히힝."

그때였어요.

"잠깐. 우리는 악기를 연주할 건데 고양이 너는 무얼 할 거지?"

사자의 물음에 모두 고양이를 쳐다보았어요.

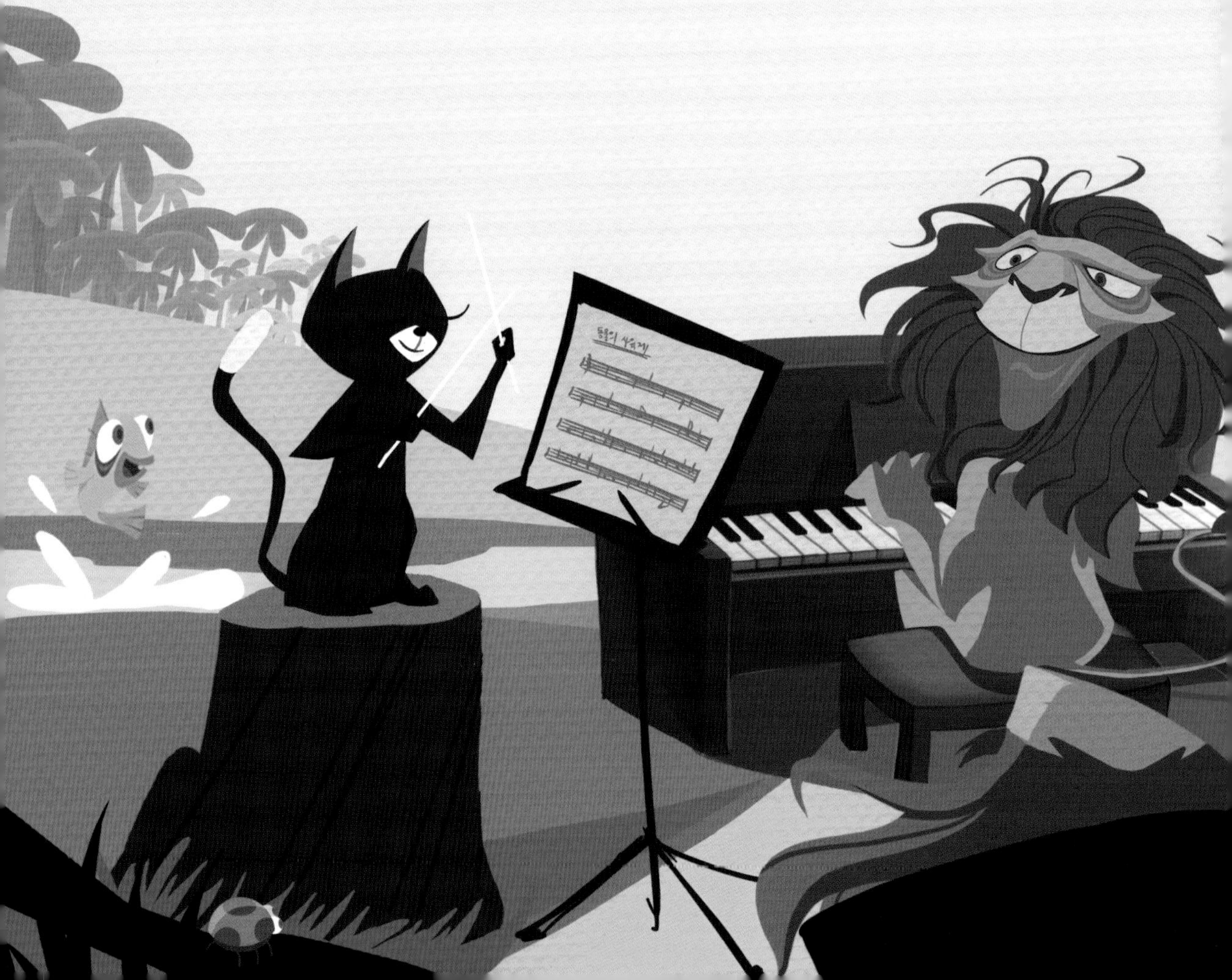

그러고 보니 고양이는 다룰 줄 아는 악기가 하나도 없어요.
음악대를 만든 건 고양이인데 고양이가 할 줄 아는 게 없다니요!
"나? 나는……."
고양이는 곧 의기양양한 목소리로 이렇게 말했어요.
"나는 지휘를 할 거야!"
"지휘라고?"
"그래. 연주회에서 가장 중요한 지휘를 한다는 말씀!"
그제야 모두 고개를 끄덕였어요.

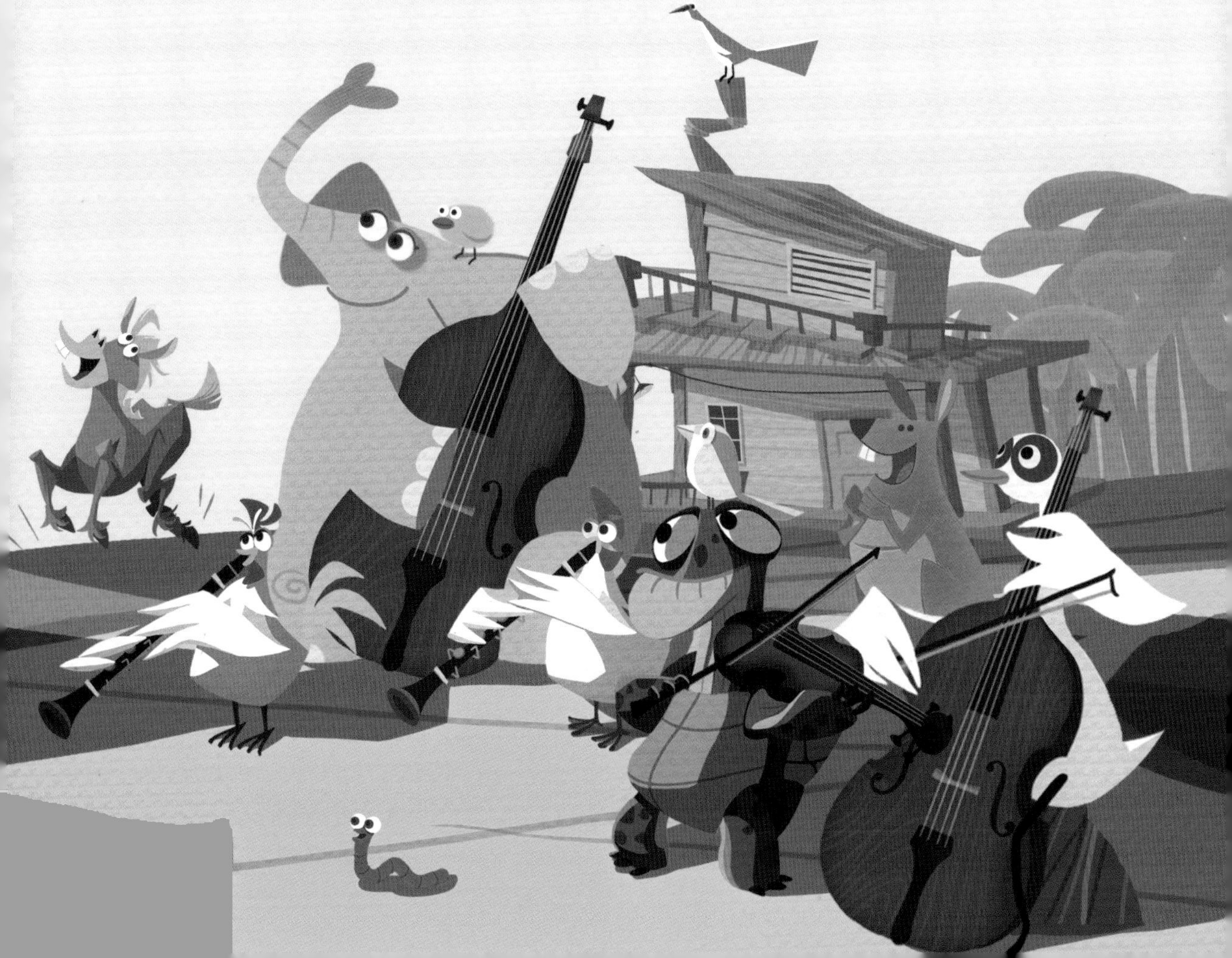

자, 고양이의 지휘로 연주회가 시작되었어요.

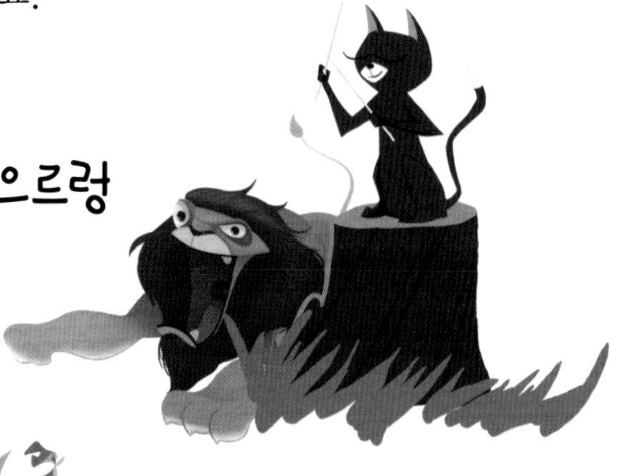

사자가 으르렁 으르렁

암탉과 수탉이 꼬끼오 꼬끼오

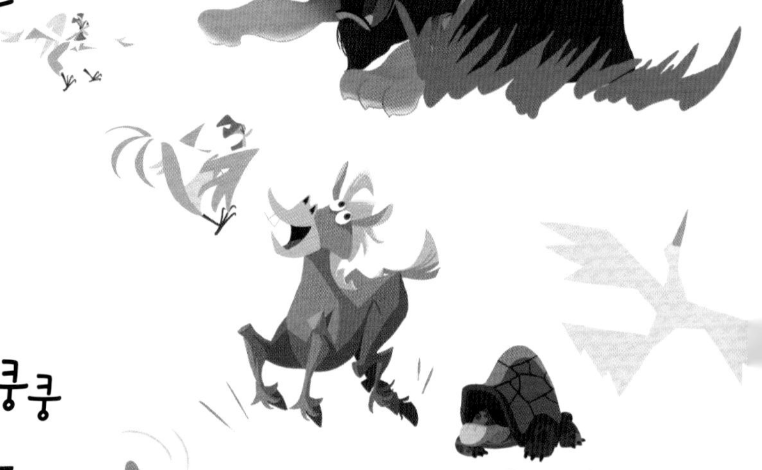

당나귀가 으히히힝!

거북이가 느릿느릿

코끼리가 쿵쿵 쿵쿵쿵

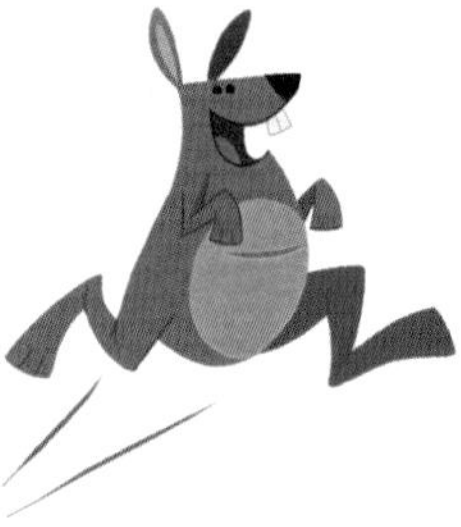

캥거루가 콩콩콩

물고기들이 뻐끔

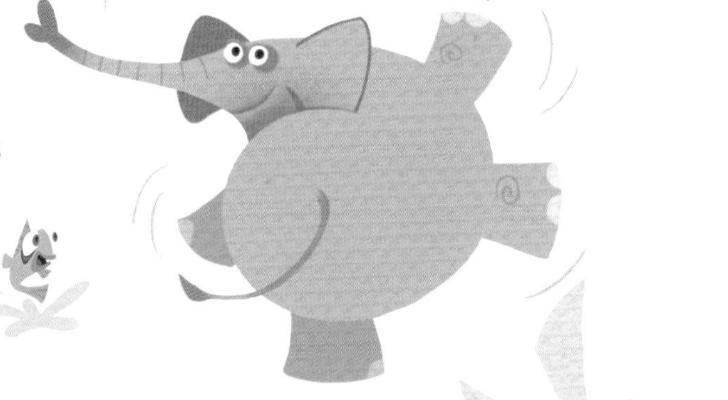

뻐꾸기가 뻐꾹뻐꾹

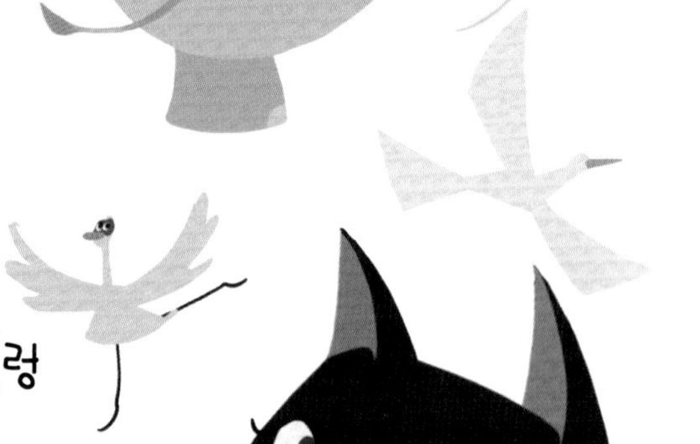

큰 새들이 하늘로 올랐다가 내려앉았다가

백조가 우아한 날갯짓을 펄렁펄렁

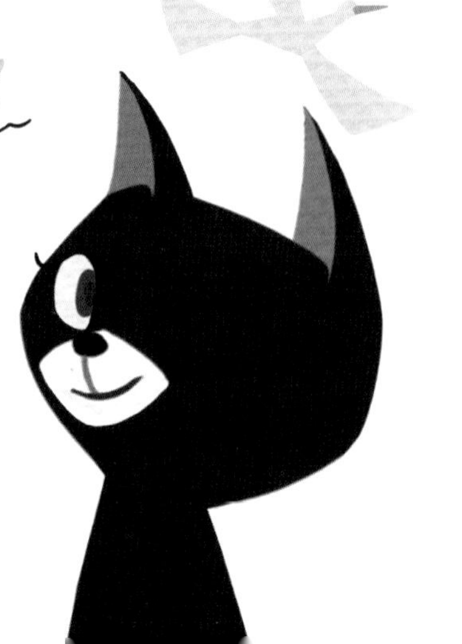

연주가 끝이 나자 위대한 고양이는 멋지게 윙크했어요.

"이상 〈동물의 사육제〉였습니다!"

호안 미로 「어릿광대의 사육제」

1924~1925년
캔버스에 유채, 66×93cm
올브라이트녹스 미술관

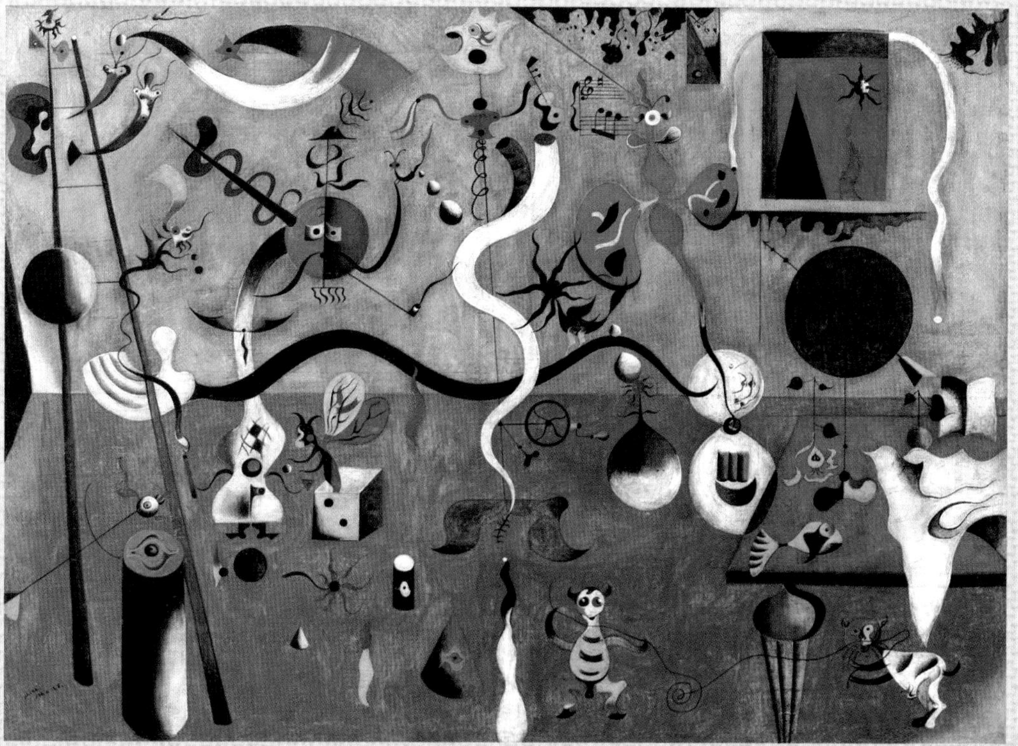

제14곡 피날레 : 동물들이 축제 분위기를 연출하며 멋지게 곡을 마무리해 주고 있어요. 플루트, 클라리넷, 하모니움, 실로폰, 피아노, 현악 5부 등 지금까지 사용된 악기들이 대부분 재등장하여 떠들썩하고 신나는 분위기를 만들어요.

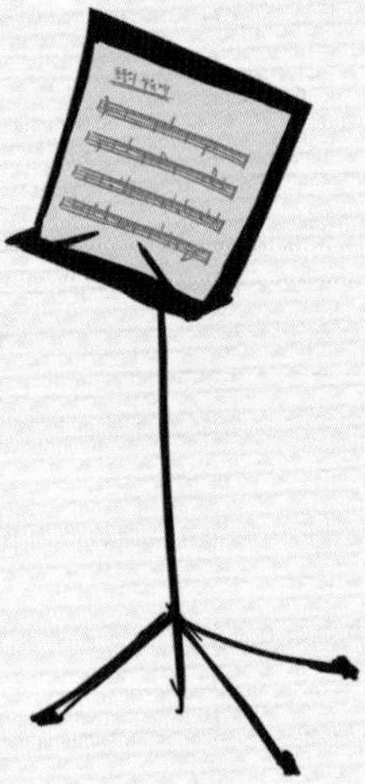

<동물의 사육제>를 그림으로 표현하기

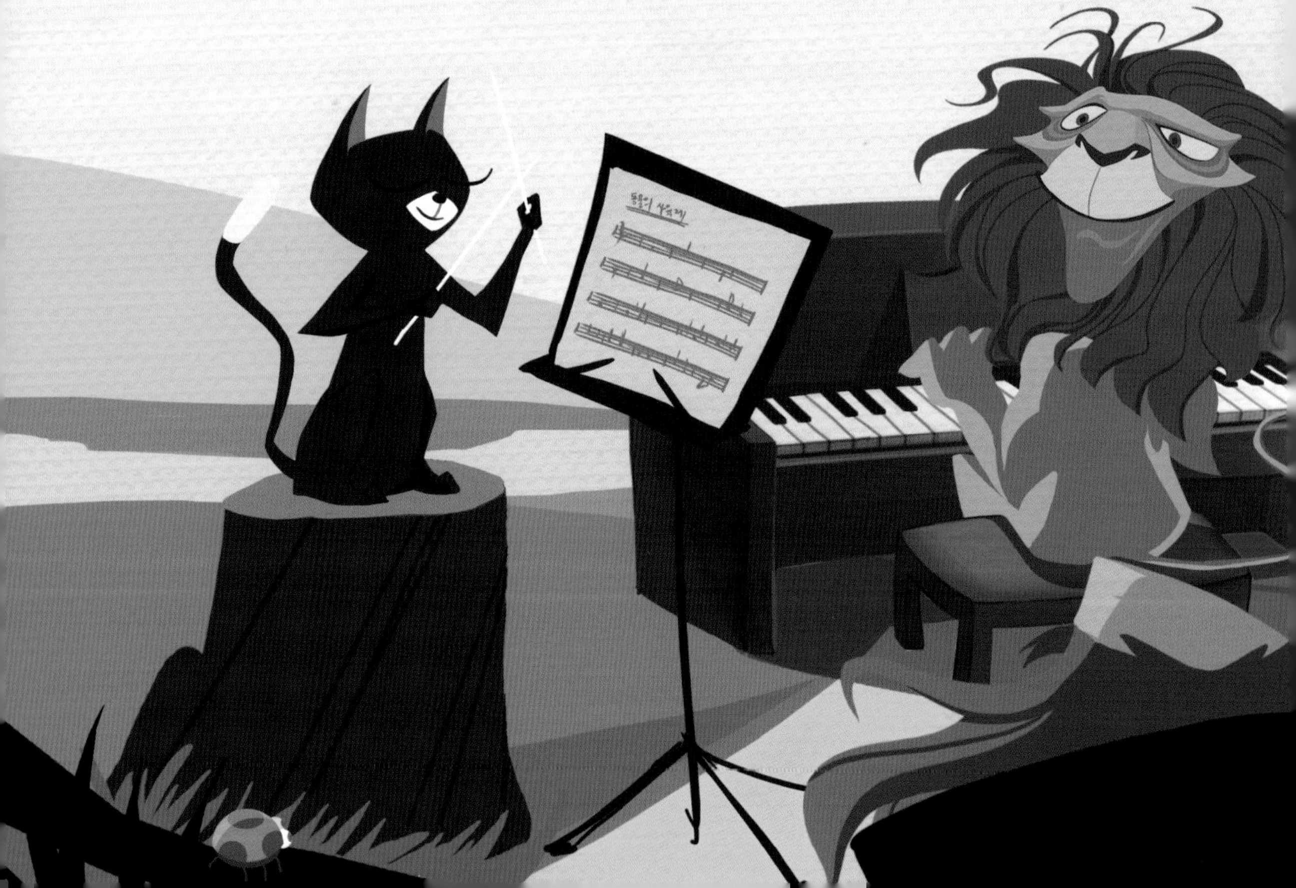

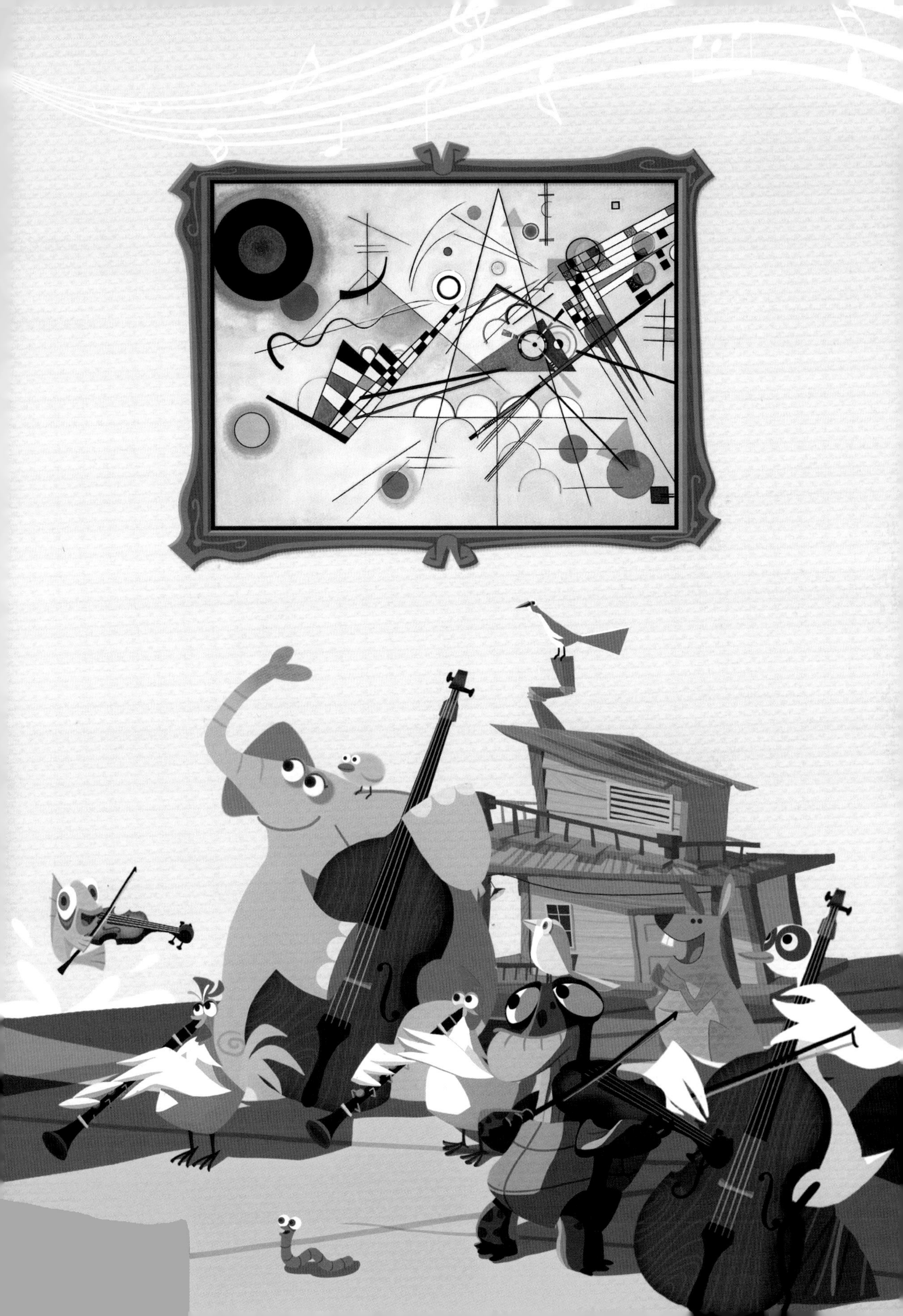

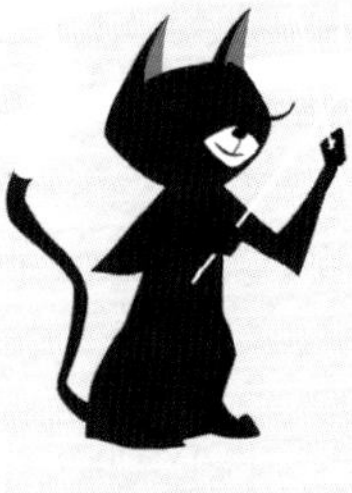

동물의 사육제

〈동물의 사육제〉는 1886년 카미유 생상스가 작곡한 곡이에요. 이 곡에는 '두 대의 피아노, 두 대의 바이올린, 비올라, 첼로, 더블베이스, 플루트, 클라리넷, 하모니움, 실로폰, 첼레스타를 위한 동물 환상곡'이라는 부제가 붙어 있으며 총 14곡으로 이루어져 있어요. 각 곡은 모두 3분을 넘지 않는 짧은 악장이며 여러 동물들의 움직임을 익살스럽게 표현하고 있어요.

왜 '백조'만 출판되었을까?

연주 여행을 위해 오스트리아 시골에 방문한 생상스는 그곳에서 휴일을 보내던 중 사육제 행렬을 보았어요. 화려하고 자유분방한 사육제의 모습에 큰 감명을 받은 생상스는 당장 이 곡을 작곡했다고 해요.

그런데 생상스는 〈동물의 사육제〉를 이루는 열네 곡 가운데 열세 번째 곡인 '백조'만 생전에 출판하였어요. 나머지 곡들은 모두 생상스가 죽은 후에 사람들에게 알려졌지요.

그 이유는 이 곡의 장난스러움과 풍자적인 성격 때문이었어요. 생상스는 스스로 진지한 교향곡*만 작곡하는 무거운 작곡가로 사람들에게 비춰지길 바랐거든요. 하지만 정작 생상스의 대표작이 된 곡은 바로 이 〈동물의 사육제〉라니, 참 재미있지요?

즐겁게 먹고 노는 축제, 사육제

사육제(카니발)는 그리스도교 국가에서 매년 2월 중 · 하순경에 열리는 성대한 축제를 말해요. 그리스도교들은 매년 부활절 40일 전부터 고기를 끊고 경건하게 생활하는 풍습이 있어요. 그래서 이 사순절 직전 며칠 동안 고기를 먹고 즐겁게 놀기 시작한 것이 바로 사육제 축제의 시작이 되었답니다. 이 축제 기간에 사람들은 모든 구속에서 벗어나 자유로운 모습으로 축제를 즐겨요. 〈동물의 사육제〉도 축제를 즐기는 마음으로 가볍고 편안한 마음으로 들어 보면 어떨까요?

생상스는 누구였을까?

카미유 생상스는 즉흥 연주로 실력을 인정받은 피아니스트이자 훌륭한 작곡가였어요. 뿐만 아니라 글을 쓰거나 그림을 그리는 데도 재주가 있었으며 자연 과학에도 관심이 많았지요.

1835년 10월 9일 파리에서 태어난 생상스는 아버지를 일찍 여의고 홀어머니 밑에서 자랐어요. 두 살 때부터 피아노를 배우기 시작했는데 5살 때 이미 피아노로 작곡을 했다고 해요. 13살 때인 1848년에는 파리 음악원의 오르간과에 입학해 본격적으로 작곡을 배웠고 16살 때 〈성 세실에의 찬가〉를 작곡해 성 세실리아 협회로부터 상을 받았어요.

같은 해에는 성 마리아 교회당의 오르간 주자가 되었고 1861년에는 니델마이어 학교의 피아노과 교수로 취임하였는데 포레, 지구, 메사쥐 등의 훌륭한 제자들을 키워 냈어요. 1921년, 86세의 나이로 알제리에서 사망할 때까지 생상스는 꾸준한 음악 활동을 하였답니다.

생상스의 작품들

생상스는 〈삼손과 데릴라〉를 비롯한 13편의 오페라, 교향곡 4편, 피아노협주곡 3편, 그 밖에 피아노곡을 비롯한 많은 기악곡을 작곡하였어요. 리스트의 지휘로 바이마르에서 〈삼손과 데릴라〉를 상연하여 유명해졌으며 그가 35살 때 작곡한 〈서주*와 론도 카프리치오소〉도 사람들에게 널리 알려진 작품 가운데 하나예요. 하지만 생상스의 작품 중 가장 유명한 것은 〈동물의 사육제〉 중 '백조'예요. '백조'는 첼로의 선율이 빼어나 다양한 곡들로 편곡*되어 사용되기도 하였어요. 생상스의 작품들에서는 모두 고전적인 아름다움과 단정함을 느낄 수 있으며 관현악적인 표현이 화려한 것이 특징이랍니다.

*교향곡: 관악기, 타악기, 현악기가 함께 연주되는 관현악을 위하여 작곡한 비교적 대규모 구성의 다악장 형식의 곡.

*서주: 뒤에 나올 중요한 부분의 악곡을 도입하는 전주.

*편곡: 지어 놓은 곡을 다른 형식으로 바꾸어 꾸미거나 다른 악기를 쓰도록 하여 연주 효과가 달라지게 만든 곡.

〈동물의 사육제〉 감상하기

CD를 들으며
읽어요!

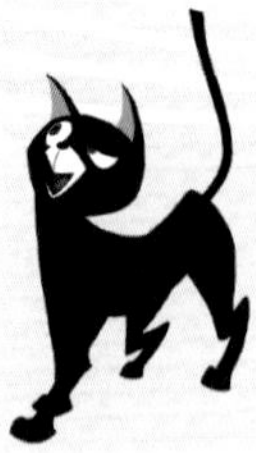

제1곡 서주와 사자왕의 행진

악기 : 두 대의 피아노와 현악 5부

느리고 장엄한 서주가 연주되고 있어요! 피아노와 현악기의 소리가 꼭 으르렁거리는 사자의 울음소리 같아요. 쉿! 이제 서주가 끝났어요. 짧고 씩씩한 피아노 연주에 이어 위풍당당한 사자의 모습이 스타카토로 표현돼요. 으르렁 으르렁~. 계속해서 이어지는 사자의 우렁찬 울음소리가 들리나요?

제2곡 암탉과 수탉

악기 : 클라리넷과 두 대의 피아노, 바이올린, 비올라

피아노와 현악기가 빠른 템포로 연주되고 있어요! 바쁘게 돌아다니는 암탉의 모습을 표현한 것이랍니다. 갑자기 속도가 느려지면서 현악기와 클라리넷이 독특한 소리를 내지요? 그러다 다시 '꼬꼬댁 꼬꼬꼬' 수탉과 암탉이 날갯짓을 하며 서로 싸우는 듯 분주해지네요.

제3곡 당나귀

악기 : 두 대의 피아노

두 대의 피아노가 쉬지 않고 16분음표의 빠른 음을 연주하고 있어요. 덕분에 피아니스트들의 손이 정신없이 건반을 뛰어다니네요. 바로 풀밭을 날뛰는 길들여지지 않은 야생 당나귀를 표현하기 위해서지요. 자, 이제 연주가 끝났어요. 잠시 숨 좀 돌리자고요! 헥헥.

제4곡 거북이

악기 : **피아노와 현악 5부 편성**

어라? 분주하던 피아노가 쉬어가기라도 하듯 갑자기 느려졌어요. 아하! 바로 굼뜬 거북이를 묘사하기 위해서군요. 이 곡은 오펜바흐의 '지옥의 오르페우스'에 나오는 '캉캉'이라는 빠른 곡을 인용하여 무척 느린 곡으로 바꿔 작곡했어요. 거북이는 캉캉 춤도 느릿느릿 추나 봐요!

제5곡 코끼리

악기 : **피아노와 더블베이스**

낮고 무겁게 지그재그 대는 소리가 들리나요? 바로 현악기 중에 가장 낮은 음을 낼 수 있는 더블베이스의 연주 소리예요. 더블베이스는 무거운 몸으로 왈츠를 추는 몸집 큰 코끼리를 표현하는 것이랍니다.

제6곡 캥거루

악기 : **두 대의 피아노**

두 대의 피아노가 차례로 위로 가볍게 올라갔다가 아래로 내려오는 음을 내고 있지요? 가볍고 날렵한 캥거루가 뒷다리로 깡충깡충 뛰어가는 모습을 묘사하고 있는 것이에요.

제7곡 수족관

악기 : **플루트, 하모니움, 두 대의 피아노, 첼레스타, 현악 4부 편성**

눈을 감고 상상해 보세요! 여기는 수족관. 수많은 물고기들이 물속을 유유하게 헤엄쳐 다니고 있는 게 보이나요? 피아노의 연주는 물의 흐름을, 플루트와 현악기, 하모니카는 떠다니는 물고기를 표현한 것이에요. 마치 내가 자유로운 물고기가 된 것처럼 신비롭고 환상적인 느낌을 주는 곡이에요.

제8곡 귀가 긴 등장인물

악기 : **두 대의 바이올린**

잘 들어 보세요. 바이올린이 아주 높은 음을 내면, 이어 다른 바이올린이 낮은 음을 내는 것을 반복하고 있지요? 이 재미있는 소리들은 바로 노새의 울음소리를 표현한 것이에요. 하지만 무척 짧아서 순식간에 끝나고 마는 아쉬운 곡이에요.

제9곡 숲속의 뻐꾸기

악기 : **두 대의 피아노와 클라리넷**

피아노가 낮고도 맑게 깊은 숲속의 고요한 모습을 표현하고 있는 가운데 사이사이로 클라리넷이 영롱한 소리로 뻐꾸기 소리를 낸답니다. 무척 아름다운 곡이니 눈을 감고 감상해 봐도 좋을 거예요.

제10곡 큰 새장

악기 : **플루트와 두 대의 피아노, 현악 5부**

시작부터 플루트가 빠른 템포로 연주되고 있어요! 곧 피아노의 연주가 합쳐지면서 커다란 새장 속의 새들이 분주하게 날아다니는 모습이 눈앞에 실감나게 그려져요.

제11곡 피아니스트

악기 : **두 대의 피아노와 현악 5부**

곡의 제목이 피아니스트니 멋진 피아노 연주가 나오길 기대했나요? 그랬다면 실망할지도 몰라요. 이 피아니스트는 완전히 초보라 체르니 연습곡 1번만 계속 반복하고 있거든요. 게다가 자꾸 틀리기까지 하네요. 그러자 갑자기 커다란 오케스트라 연주가 무서운 선생님처럼 피아니스트를 혼내 주고 있어요.

제12곡 화석

악기 : 클라리넷과 실로폰, 두 대의 피아노, 현악 5부

자, 이 곡을 듣기 전에 숙제를 하나 줄 거예요. 바로 곡 중간에 '반짝반짝 작은 별'의 리듬을 찾아보는 것이지요! 자, 찾았나요? 생상스는 자신이 작곡한 〈죽음의 무도〉, 프랑스의 동요 〈반짝반짝 작은 별〉 등의 곡을 인용하여 화석을 표현해 냈답니다. 참 재미있지요?

제13곡 백조

악기 : 첼로와 두 대의 피아노

첼로가 빼어난 선율로 멋진 곡을 연주하고 있어요! 정말 우아하고 아름답지요? 바로 백조를 묘사한 곡이랍니다. 이 곡은 〈동물의 사육제〉 중에서 가장 유명한 곡이자 생상스가 생전에 출판한 유일한 곡이에요.

제14곡 피날레

악기 : 플루트, 클라리넷, 하모니움, 실로폰, 두 대의 피아노, 현악 5부

아쉽지만 이제 피날레를 맞이할 시간이 되었어요. 그런데 눈치챘나요? 앞서 나왔던 곡들이 잠깐씩 다시 등장하고 있는 것을요! 동물들도 모두 다시 등장해 경쾌한 음악에 맞춰 춤을 추고 있어요. 우리도 함께 춤을 춰 봐요. 이 곡을 듣다 보니 절로 어깨가 들썩이지 않나요?

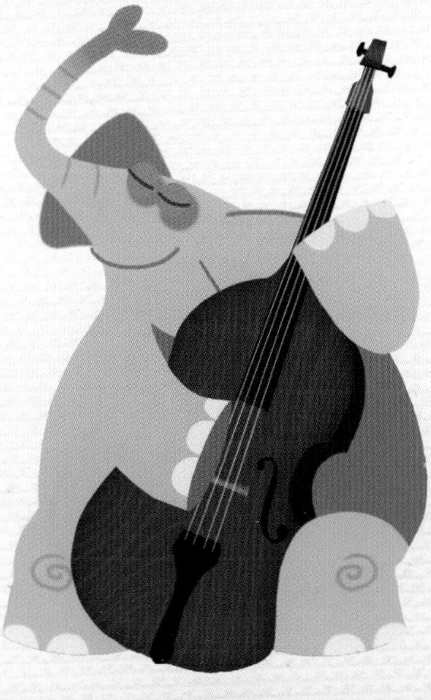

<동물의 사육제>를 그림으로 표현하기

음악을 그린 화가, 칸딘스키

여기 무엇을 그린 건지 알 수 없는 그림이 한 점 있어요.

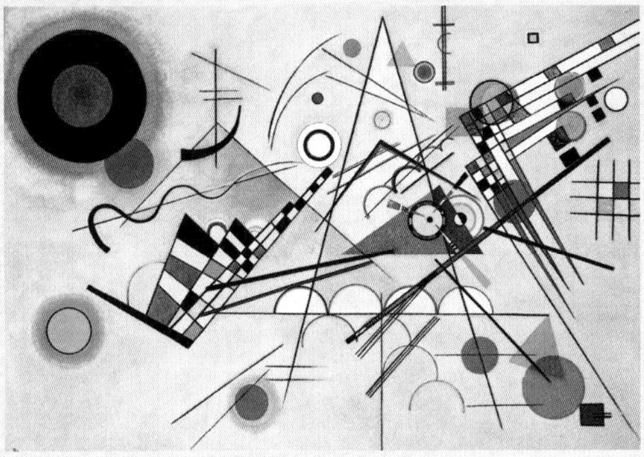

칸딘스키 (1866~1944)
모스크바에서 태어났으며 아마추어 음악가로 활동했어요. 서른 살이 넘어 화가의 길로 들어섰으며 순수한 추상 미술을 주로 그렸어요. 바우하우스라는 미술학교에서 학생들을 가르쳤는데 나치에 의해 학교가 문을 닫자 프랑스로 건너가 여생을 보냈어요.

이 그림을 그린 화가는 추상화의 아버지라 불리는 칸딘스키예요. 어느 날 외출에서 돌아온 칸딘스키는 낯선 그림이 자신의 작업실에 놓여 있는 것을 보았어요. 무엇을 그린 것인지 분명치 않은 이 그림이 칸딘스키는 마음에 쏙 들었지요. 하지만 잠시 후 칸딘스키는 깜짝 놀랐어요. 그 그림은 자신이 얼마 전 그린 그림으로, 단지 옆으로 놓여 있었다는 것을 알아챘거든요!
"그래, 꼭 분명한 사물을 그림으로 그릴 필요는 없어! 무엇을 그린 것인지 분명치 않은 그림도 감동을 줄 수 있으니까!"
깨달음을 얻은 칸딘스키는 점, 선, 색채와 형태만을 조합해 그림을 그리기 시작했어요. 그의 그림 속 점과 선들은 마치 움직이는 것처럼 생생하여 음악과도 같은 리듬과 박자가 느껴지지요.

추상화, 어떻게 감상해야 할까?

사람들은 그림을 볼 때 무의식적으로 무엇을 그렸는지를 찾아내려고 해요. 하지만 대부분의 추상화는 무엇을 그렸는지 알 수 없어요. 그래서 사람들은 추상화를 어려운 그림, 이해할 수 없는 그림이라고 생각하지요.
하지만 추상화에서 어떤 의미를 찾아낼 필요는 없어요. 꽃을 보자마자 '정말 예쁘다!' 생각하는 것처럼 추상화 역시 있는 그대로 보고, 느끼면 된답니다.

수직선과 수평선을 연결한 몬드리안의 그림

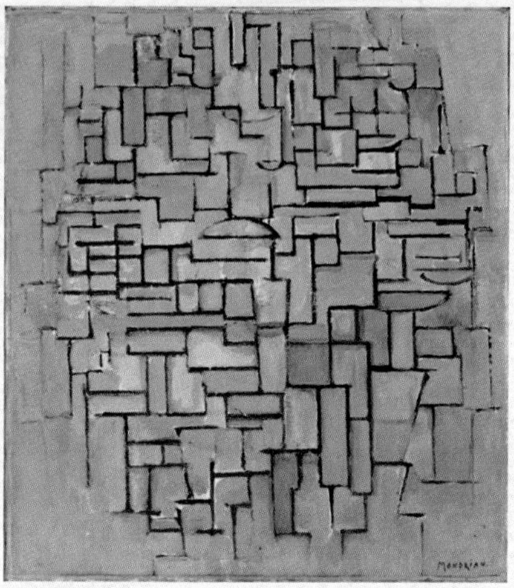

피트 몬드리안 (1872~1944)
네덜란드에서 태어나 아버지와 숙부에게 그림을 배웠어요. 20세기 추상미술을 대표하는 화가 중 한 명으로 그의 작품은 20세기 미술과 건축 등 여러 분야에 큰 영향을 주었어요.

몬드리안은 칸딘스키와 함께 추상미술을 대표하는 화가로 손꼽혀요. 하지만 칸딘스키가 다양한 형태를 이용한 역동적인 추상화를 주로 그렸다면 몬드리안은 선, 면, 색깔을 딱 떨어지게 표현하여 딱딱하고 정적인 느낌을 주는 추상화를 주로 그렸어요. 몬드리안은 어떤 사물이든 최대한 단순하게 표현하면 수직선과 수평선만 남는다고 생각했어요. 그래서 수직선과 수평선을 잘 연결하여 그려 넣고 그 사이를 자신만의 색깔로 채워 넣었지요.

파울 클레, 생각한 것을 그리다!

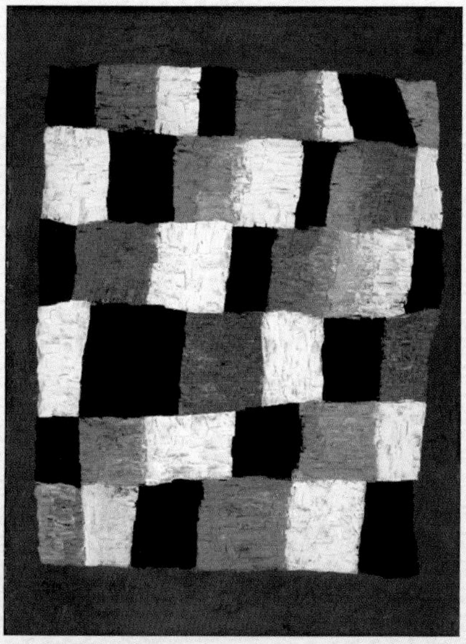

파울 클레는 '선과 색과 면은 화가의 마음에서 나오는 힘에 의해 움직인다.'고 말하고는 했어요. 말 그대로 파울 클레는 마음에서 우러나오는 그대로를 최대한 단순화시켜 캔버스에 옮겼지요. 본 것을 그리는 것이 아니라, 생각한 것을 그리는 것! 그것이 바로 추상화의 정의랍니다.

파울 클레 (1879~1940)
독일에서 태어났으며 음악에도 놀라운 재능을 가지고 있었어요. 튀니지를 여행하며 얻은 영감으로 그만의 독특한 그림 세계를 창조했어요. 그림에 유머가 담겨 있어 사람들로부터 인기를 끌었어요.

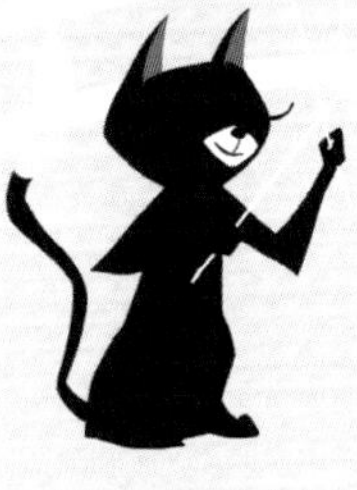

그림에서 음악을 발견하자!

추상화의 주요 패턴에서 감각 찾기

칸딘스키는 순간적인 느낌을 즉흥적으로 그려 냈어요. 이 그림들을 칸딘스키는 '색채로 이루어진 음악'이라고 불렀지요. 칸딘스키의 그림 속 선과 색채들은 음악을 연주하는 악기와도 같아요. 서로 어우러져서 한 편의 아름다운 음악을 연주하니까요!

칸딘스키의 그림뿐 아니라 많은 추상화 속에는 다양한 리듬이 숨어 있어요. 어떤 추상화에서는 즐겁고 경쾌한 음악이 느껴지지만, 어떤 추상화에서는 슬픈 음악이 들리는 것 같아요. 그림 속에 숨어 있는 음악을 어떻게 발견할 수 있느냐고요? 추상화 속 선, 색채, 움직임 등을 살펴보면 쉽게 찾아낼 수 있답니다.

다음 그림들은 어떤 느낌이 드는지 함께 이야기해 볼까요?

1. 선

부드러워요.
말랑말랑해요.

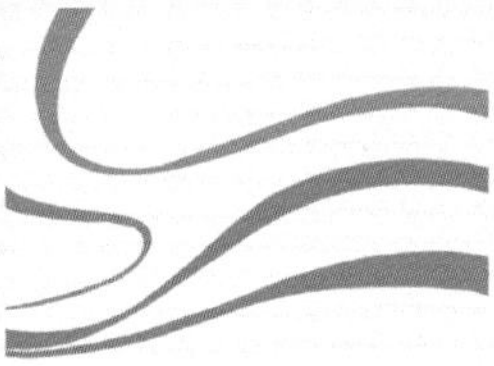

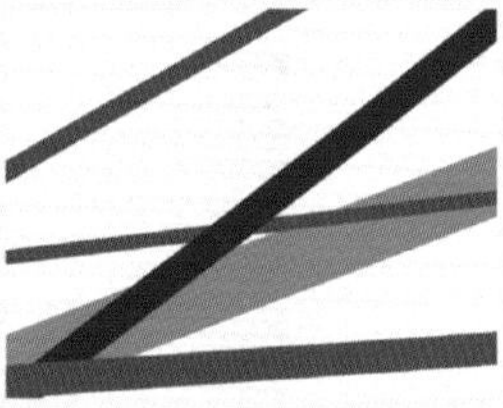

날카로워요.
딱딱해요.

2. 색채

밝고 경쾌해요!
따뜻해요!

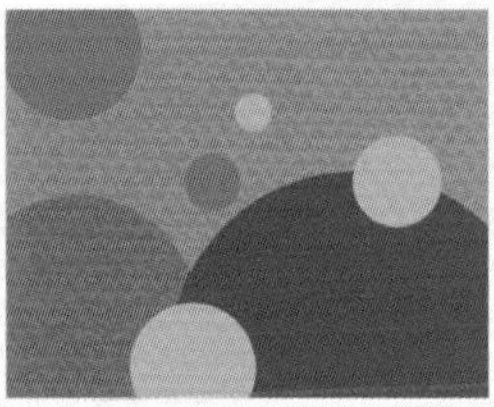

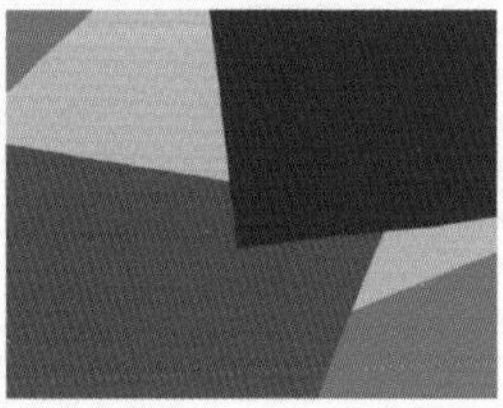

어둡고 무거워요!
차가워요!

3. 움직임

역동적인 느낌이에요!

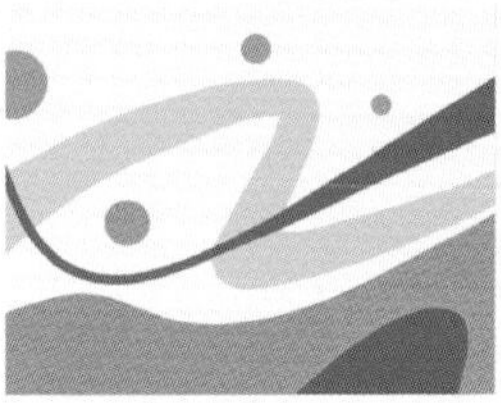

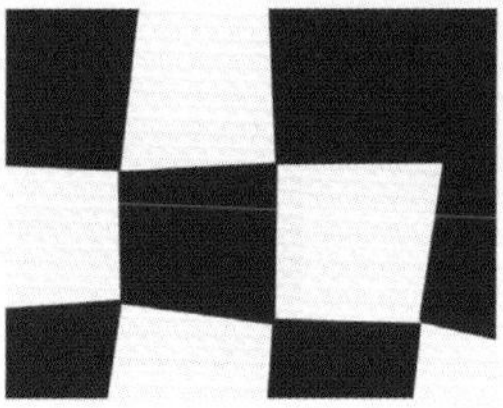

꼼짝하지 않고 있는 느낌이에요!

4. 표현 방식

평면처럼 느껴져요.

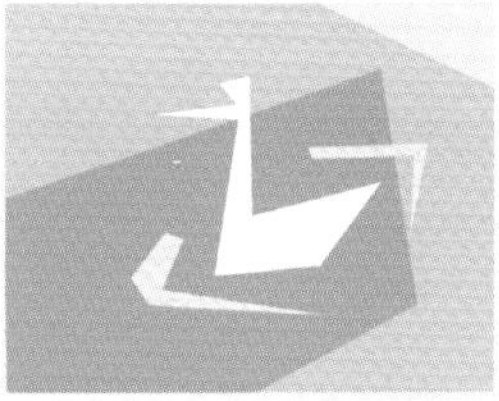

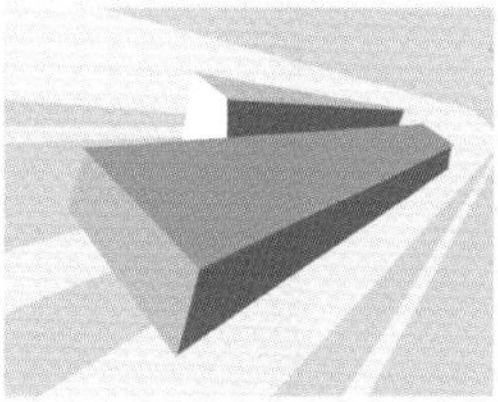

입체적이에요! 튀어나온 듯한 느낌이 들어요!

지금 어떤 느낌을 받았나요? 앞서 배운 방식을 적용하여 자유롭게 그림으로 표현해 보세요. 내가 그린 그림에도 음악이 느껴지나요? 그건 어떤 음악인가요? 마음과 느낌에는 정해진 모양이 없어요. 느끼는 대로, 손이 가는 대로, 그리면 된답니다. 어때요? 추상화가 더 이상 어렵게만 느껴지지는 않지요?

실제로 움직이는 그림일까? 옵아트

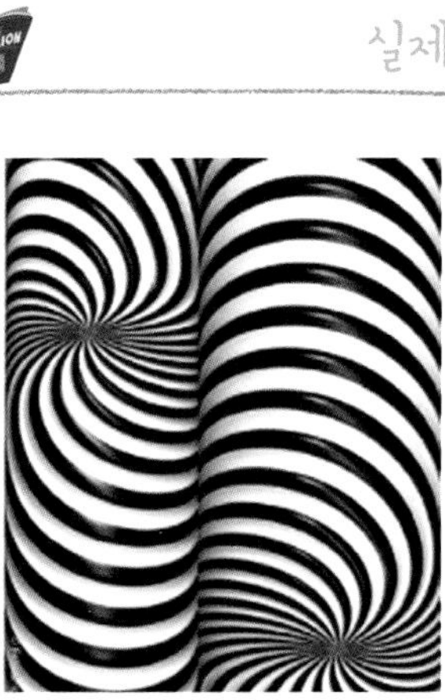

다음 그림을 들여다보세요. 마치 그림이 움직이는 것 같지 않나요? 이렇게 기하학적 형태의 반복으로 움직이는 것처럼 눈의 착각을 불러일으키는 그림을 '옵아트'라고 해요. 옵(op)은 시각적이라는 뜻을 가진 옵티컬(optical)에서 따온 말이랍니다.

고양이네 음악회

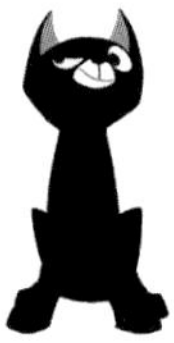

글 강효미 | **그림** 최정진 | **사진** 시몽포토 에이전시
펴낸날 2014년 8월 15일 초판 1쇄, 2019년 4월 29일 초판 5쇄
펴낸이 김상수 | **기획 · 편집** 서유진, 조유진 | **디자인** 문정선, 조은영 | **영업 · 마케팅** 황형석, 김송이
펴낸곳 루크하우스 | **주소** 서울시 성동구 아차산로 143 성수빌딩 208호 | **전화** 02)468-5057 | **팩스** 02)468-5051
출판등록 2010년 12월 15일 제2010-59호
www.lukhouse.com cafe.naver.com/lukhouse

ISBN 979-11-5568-037-7 74600
ISBN 979-11-5568-061-2 (세트)

※ 잘못된 책은 구입처에서 바꾸어 드립니다.
※ 값은 뒤표지에 있습니다.

상상의집

상상의집은 (주)루크하우스의 아동출판 브랜드입니다.

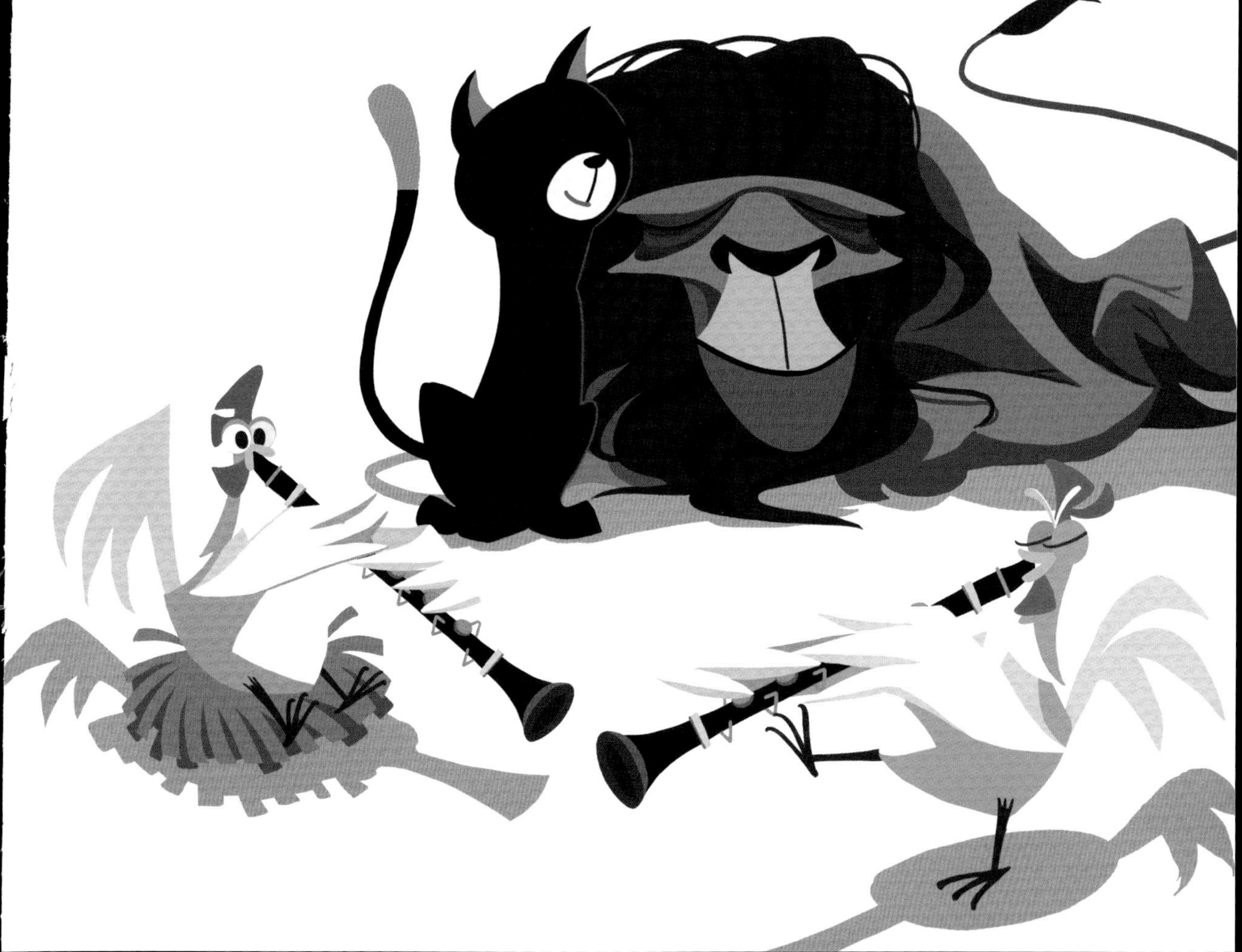

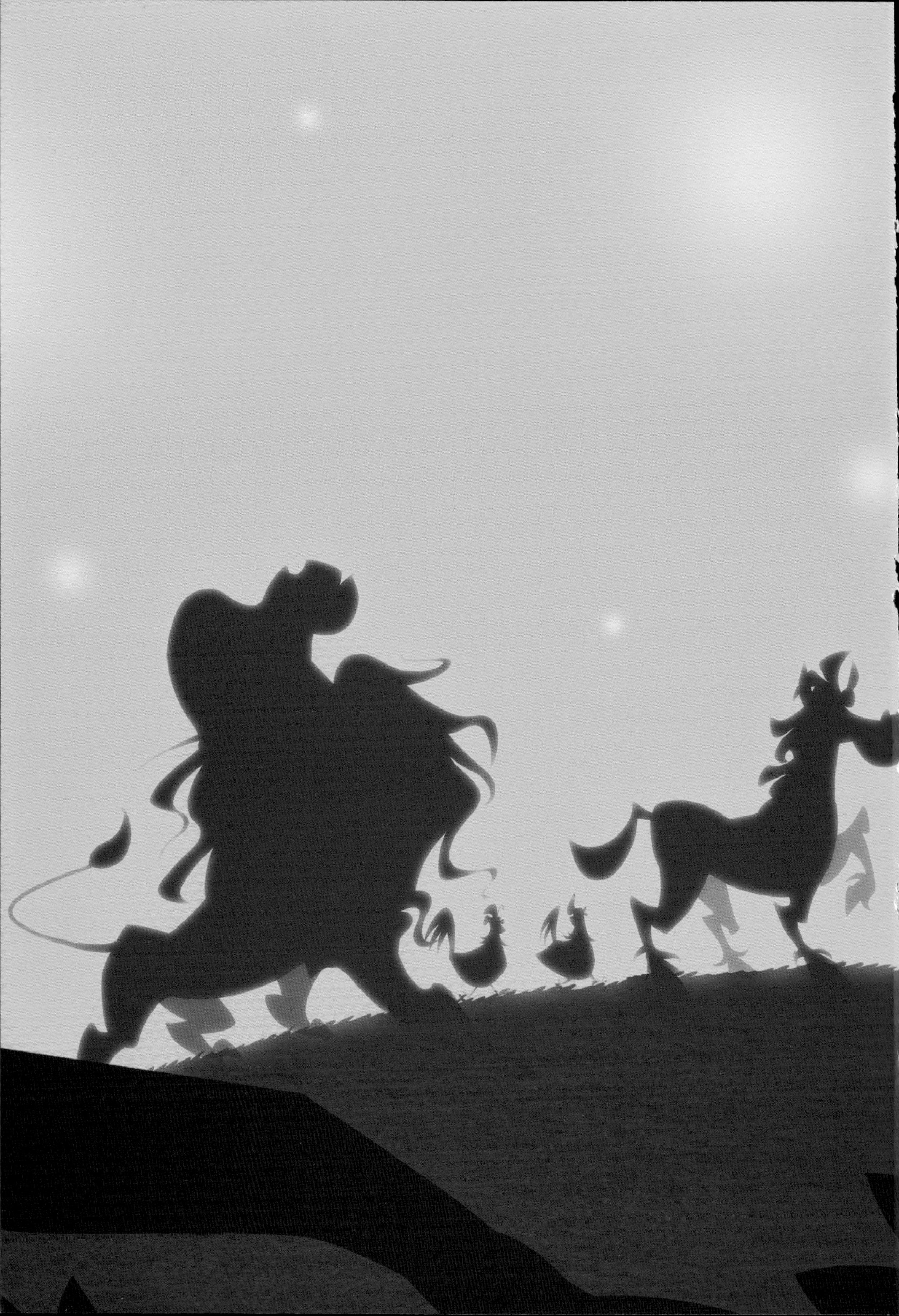